Gütersloher Taschenbücher / Siebenstern 218

Horst Georg Pöhlmann

Der Atheismus oder der Streit um Gott

Mit einem Geleitwort von Milan Machovec
und unter Mitarbeit von Helmut Mayer
und Ernst Ludwig Spitzner

Gütersloher Verlagshaus
Gerd Mohn

Materialien für Erwachsenenbildung, herausgegeben von Paul Gerhard Seiz und Hermann Greifenstein

Eine Veröffentlichung der Studienstelle der Deutschen Evangelischen Arbeitsgemeinschaft für Erwachsenenbildung

CIP-Kurztitelaufnahme der Deutschen Bibliothek

Pöhlmann, Horst Georg
Der Atheismus oder der Streit um Gott / mit e. Geleitwort von Milan Machovec u. unter Mitarb. von Helmut Mayer u. Ernst Ludwig Spitzner. – 2. Aufl. – Gütersloh: Gütersloher Verlagshaus Mohn, 1978.
(Gütersloher Taschenbücher Siebenstern; 218)
(Materialien für Erwachsenenbildung)
ISBN 3-579-03978-4

Originalausgabe

2. Auflage (9.–16. Tsd.), 1978
ISBN 3-579-03978-4

Gesamtherstellung: Clausen & Bosse, Leck
Umschlagentwurf: Dieter Rehder, Aachen
Printed in Germany

Inhalt

VORWORT

Die Frage nach Gott ist keine akademische Frage. Sie ist die Frage des Menschen nach Grund und Sinn seiner Existenz und nach der Möglichkeit, das Vorfindliche zu transzendieren. Die Bestreitung Gottes ist nicht nur eine Sache der Vernunft, sie ist ebenso begründet in existentiellen Erfahrungen individueller und geschichtlicher Art. Das macht die Auseinandersetzung dieses Buches mit den verschiedenen Prägungen und Begründungen des Atheismus deutlich. Gruppen, die mit diesem Buch arbeiten, werden deshalb die Erfahrung machen, daß sie nicht in einen Dialog mit Außenseitern hineingenommen werden, sondern in ein Gespräch mit den eigenen Fragen und Anfechtungen.
Das Buch will den Dialog mit dem Atheismus nicht eröffnen, sondern vermitteln und so weiterführen. In einer Zeit, in der sich viele in der Kirche vom offenen Gespräch wieder zurückziehen und die Mauern zwischen Glaubenden und Unglaubenden wieder höher werden, ist dies ein besonders aktuelles Unterfangen. Unser besonderer Dank gilt Milan Machovec, einem der Väter des Dialogs zwischen Atheisten und Christen, für sein Geleitwort.
Das Buch ist eine Veröffentlichung der Studienstelle der Deutschen Evangelischen Arbeitsgemeinschaft für Erwachsenenbildung (DEAE); sein Verfasser Horst-Georg Pöhlmann ist der Leiter dieser Stelle. Ernst-Ludwig Spitzner hat das Entstehen des Buches begleitet. Die Herausgeber bekunden im Auftrag des Vorstands der DEAE das Interesse der Erwachsenenbildung, daß in ihr Fragen des Glaubens und seiner Auseinandersetzung mit den Überzeugungen und Fragen der Zeit intensiv bearbeitet werden.
Teil des Buches sind Karikaturen, deren Auswahl und Bearbeitung Helmut Mayer, Löwenstein, besorgte. Sie wollen den Text des Buches nicht einfach kommentieren, sondern eigen-

ständige Anstöße für Gespräche über das Thema des Buches vermitteln.
Die Entwürfe für das Buch wurden in einer Karlsruher Gemeinde mit einer Gruppe kritischer Zeitgenossen, von denen die meisten der Kirche nicht angehörten, durchgearbeitet. Solcher Praxis will das Buch dienen. Wir bitten deshalb alle Benutzer dieses Buches, uns an ihren Erfahrungen teilhaben zu lassen und uns Meinungen zum Inhalt und zur methodischen Anlage mitzuteilen.

Bad Boll, im September 1976 *Paul-Gerhard Seiz*

VORWORT ZUR 2. AUFLAGE

Die Frage nach Gott ist keine akademische Frage. Sie ist die Frage des Menschen nach Grund und Sinn seiner Existenz und nach der Möglichkeit, das Vorfindliche zu transzendieren. Die Bestreitung Gottes ist nicht nur eine Sache der Vernunft, sie ist ebenso begründet in existentiellen Erfahrungen individueller und geschichtlicher Art. Das macht die Auseinandersetzung dieses Buches mit den verschiedenen Prägungen und Begründungen des Atheismus deutlich. Gruppen, die mit diesem Buch arbeiten, werden deshalb die Erfahrung machen, daß sie nicht in einen Dialog mit Außenseitern hineingenommen werden, sondern in ein Gespräch mit den eigenen Fragen und Anfechtungen.
Das Buch will den Dialog mit dem Atheismus nicht eröffnen, sondern vermitteln und so weiterführen. In einer Zeit, in der sich viele in der Kirche vom offenen Gespräch wieder zurückziehen und die Mauern zwischen Glaubenden und Unglaubenden wieder höher werden, ist dies ein besonders aktuelles Unterfangen. Unser besonderer Dank gilt Milan Machovec, einem der Väter des Dialogs zwischen Atheisten und Christen, für sein Geleitwort. Das von ihm entwickelte Profil eines dialogischen Atheismus hat die Diskussion zwischen Christen und Atheisten wesentlich weitergeführt. Es hat unnötige Hypothe-

ken ebenso beiseite geräumt, wie einer bei Theologen gelegentlich auftretenden Verharmlosung atheistischer Positionen als bloße Mißverständnisse des Glaubens gewehrt.
Das Buch ist eine Veröffentlichung der Studienstelle der Deutschen Evangelischen Arbeitsgemeinschaft für Erwachsenenbildung (DEAE); sein Verfasser Horst-Georg Pöhlmann ist der Leiter dieser Stelle. Ernst-Ludwig Spitzner hat das Entstehen des Buches begleitet. Die Herausgeber bekunden im Auftrag des Vorstandes der DEAE das Interesse der Erwachsenenbildung, daß in ihr Fragen des Glaubens und seiner Auseinandersetzung mit den Überzeugungen und Fragen der Zeit intensiv bearbeitet werden.
Teil des Buches sind Karikaturen, deren Auswahl und Bearbeitung Helmut Mayer, Löwenstein, besorgte. Sie wollen den Text des Buches nicht einfach kommentieren, sondern eigenständige Anstöße für Gespräche über das Thema des Buches vermitteln.
Schon die Entwürfe für das Buch waren in einer Karlsruher Gemeinde mit einer Gruppe kritischer Zeitgenossen, von denen die meisten der Kirche nicht angehören, durchgearbeitet worden. Solcher Praxis wollte das Buch dienen. Wir hatten deshalb alle Benutzer dieses Buches gebeten, uns an ihren Erfahrungen teilhaben zu lassen und uns Meinungen zum Inhalt und zur methodischen Anlage mitzuteilen. Wir danken allen, die uns solche Erfahrungen mitgeteilt haben. Es wurde daraus deutlich, daß das Buch in einer großen Vielfalt benutzt wird: Manche Gruppen behandeln es mit allen seinen Kapiteln. Andere beschränken sich auf einige wenige Teile und legen den Schwerpunkt auf das vertiefende Gespräch. Einzelne erhalten aus solchen Gruppen Anstöße, sich mit dem einen oder anderen Autor eingehender zu befassen. Andere bringen solche individuelle Arbeit schon als Vorbereitung mit in die Gespräche der Gruppen ein. Für manche wurde dieses Buch zum Anlaß, sich nun intensiv mit dem biblisch-theologischen Gottesbild zu beschäftigen und haben deshalb ein Seminar über Jesus von Nazareth angeschlossen. Insgesamt zeigt sich so, daß das Buch nicht abstraktes Wissen vermittelt, sondern aktuelle Fragestellungen aufarbeitet und zu eigenständigen Antworten des Glaubens herausfordert.

Bad Boll, Februar 1978

Hermann Greifenstein
Paul-Gerhard Seiz

GELEITWORT

An die Stelle der Schwarzweißmalerei der früheren Atheismusbeurteilung der Kirche ist heute zum Teil eine differenzierte und sachliche Bewertung getreten. Während früher Theologen und Kirchenmänner im Atheismus etwas rein Negatives sahen und ihm bösen Willen, Dummheit, Sünde oder etwas Kriminelles und Dämonisches unterstellten, haben heute nicht wenige, nicht zuletzt auf Grund ihrer persönlichen Begegnung mit Atheisten ein gerechteres Atheismusbild. Sie erkennen den Atheismus *relativ* an und geben zu, daß er gewisse Verdienste hat und Positives leisten kann. Seit Karl Barth verstehen viele Theologen den Atheismus nicht mehr nur als etwas »Böses«, sondern als etwas, was dem echten Glauben direkt oder indirekt dient. Freilich werden zugleich alle atheistischen Argumente relativiert, die angeblich ein falsches oder einseitiges Gottesbild, nicht aber den wahren biblischen Gott treffen. Die dialogische Offenheit ist auf seiten der Christen und Atheisten, wenn auch aus verschiedenen Motiven, gewachsen.

Pöhlmanns Buch ist in dieser Atmosphäre entstanden. Umfassend und sehr instruktiv schildert es *alle bisherigen Spielarten des klassischen theoretischen Atheismus* und zeigt in origineller Weise, was unter diesen Theorien für den Gottgläubigen akzeptabel ist und was nicht. Das Buch ist sehr lesenswert für jeden, der breitere, solide Kenntnisse vom Phänomen atheistischer Argumentation haben will, wie wir sie in der schon fast dreitausendjährigen Entwicklung des abendländischen Denkens finden. Eingehend befaßt sich der Verfasser mit den prägnantesten Formen des argumentativen Atheismus. Er tut das in einer allgemeinverständlichen Sprache. Der Verfasser beherrscht die heute leider nicht häufige Kunst, auch inhaltlich schwierige Probleme sehr klar und verständlich auszudrücken. Pöhlmanns Buch sammelt nicht nur wich-

tige Kenntnisse, sondern zwingt den Leser immer zum selbständigen Nachdenken.
Ich kann den Sinn eines Geleitwortes nicht darin sehen, gegen diese oder jene Hauptthese des Verfassers zu polemisieren. Denn ich bin seit meiner Jugend (durch Kant beeinflußt) fest davon überzeugt, daß sowohl der Gottgläubige wie der Atheist seine Position aus ganz anderen Gründen als aus einer angeblichen Sicherheit der theoretischen Vernunftschlüsse herleitet. Auch ich könnte unterschreiben, daß es verfehlt ist, wenn man die Gottesexistenz durch rationale Argumente widerlegen will – wie freilich auch umgekehrt. Alle quasi-rationalen Gottes-Beweise scheinen mir Paralogismen* – also ihre Kompetenz überschreitende Vernunftschlüsse – zu sein. Viel lieber benütze ich das Geleitwort dazu, um auf ein paar aktuelle Zusammenhänge aufmerksam zu machen, die im Buch nicht direkt angesprochen werden, aber trotzdem indirekt allgegenwärtig sind.
Weil der Verfasser sich fast ausschließlich mit dem *theoretisch*-argumentativen Atheismus befaßt – will ich auf eine ganz andere Form des gegenwärtigen Atheismus aufmerksam machen, den *»praktischen«* Atheismus des Durchschnittsmenschen des 20. Jahrhunderts. Pöhlmann behandelt den argumentativen Atheismus. Aber schon während des 19. Jahrhunderts und im 20. Jahrhundert verbreitete sich eine ganz andere Form des Atheismus, die gar nicht argumentiert. Es ist schwierig, ihn zu charakterisieren, weil er eben keine charakteristischen Züge aufweist. Wir nannten ihn vorläufig den *»praktischen« Atheismus*, obwohl er eigentlich im tieferen Sinn des Wortes »Praxis« ebensowenig »praktisch« ist wie theoretisch. Der »praktische« Atheismus ist in allen industrialisierten Ländern verbreitet, wenn auch viele Menschen äußerlich und formell –, besonders was die sog. »letzten Dinge« betrifft, an der kirchlichen Tradition festhalten. Diese Spielart des Atheismus wird nicht theoretisch reflektiert, es ist vielmehr eine Art *Lebensstil*. Ist sie eine Vorstufe des »prometheischen« Atheismus wie ihn Karl Marx prophezeite und vorbereiten wollte? Der schöpferische, voll aktive und maximal freie Mensch sollte sich nach diesem Atheismus durch neue und weltverändernde Taten zur vollreifen Menschlichkeit hocharbeiten und sich so beweisen, daß er selbst das Höchste der

* = Fehlschlüsse

Natur vorstellt und kein »höheres Wesen«, keinen Gott braucht. Stellt also der Massenatheismus der industriellen Gesellschaft von heute wenigstens einen Übergang zu diesem »prometheischen« Atheismus dar? Doch der Unterschied zum prometheischen Atheismus ist nicht nur groß, sondern so gut wie absolut. Der Massenatheismus der Gegenwart stellt bestenfalls eine Karikatur eines solchen Atheismus dar, der für Marx Ausdruck der praktischen Selbstbefreiung der Menschheit, einer absolut freien, schöpferischen Praxis bedeutete.

Der Massenatheismus des 20. Jahrhunderts äußert sich in einem ganz anderen Lebensstil und einer ganz anderen »Praxis«, er hat deswegen einen ganz anderen Sinn. Dieser Lebenstil kommt in einer weitgehenden Spezialisation der Arbeit zum Ausdruck, aber auch in einer komplizierten Organisation und Institutionalisierung der heutigen Gesellschaft, zugespitzt gesagt: in einer fast globalen Unterdrückung der individuellen menschlichen Initiative durch verfremdete Arbeit und durch die fetischisierten Institutionen. Diese doppelte Entfremdung stumpft den Menschen ab und ertötet seine Initiative. Wenn diese Tatsache aus äußerlichen politischen Gründen in einigen Ländern deutlicher hervortritt als in anderen, sie existiert nichtsdestoweniger in allen industrialisierten Ländern. Und überall werden den Menschen als Ersatz bunte Sachen angeboten, die ihn »glücklich« machen sollen und meistens auch wirklich glücklich machen. Weil dieses »Glück« jedoch als *Ersatz für Sinn* fungiert, sind die Folgen des Lebens von Millionen so »glücklichen« Menschen so katastrophal. Dieses sinn-los fungierende und sinn-los konsumierende Milieu ist der Mutterboden des gegenwärtigen »praktischen« Atheismus.

Dieser Atheismus kennt – wie gesagt – keine Argumente oder Gegenargumente. Er ließ den religiösen Glauben von selber fallen, weil er nicht in seinen Alltag und seinen abstumpfenden, oberflächlichen Lebensstil hineinpaßt und die tieferen Fragen ausblendet, etwa die Frage nach dem Sinn, nach dem Glauben, nach den tieferen Werten, nach der Rolle des Menschen in der Geschichte und in der Natur, nach dem eigenen »Ich«, nach dem Zweck eines persönlichen Engagements usw. Umgekehrt: wenn gewisse Tatsachen das menschliche Individium doch in das Vorzimmer dieser Fragestellungen führen, die sein Leben vertiefen könnten, verleiten die verflachenden Gewohnheiten der heutigen Zivilisation die meisten Menschen dazu, daß das Leben wieder »normalisiert« wird und alles in die Geleise des Konsums und der Glückssuche zurückgeleitet wird. Von den Medikamenten bis zu den Wochenendreisen, von der gesicherten Arbeit bis zu den Abenden vor dem Fernsehapparat – dies alles macht Millionen »normal glücklich«, es macht ihr Leben äußerlich reich und scheinbar erfüllt, ohne daß die meisten eine Ahnung davon haben, daß sie um die wichtigsten Werte des Menschentums betrogen werden: um die Frage nach dem Sinn, nach der Bedeutung und Rolle ihres individuellen Lebens – um die individuelle schöpferische Aktivität.

So wird die Frage nach Gott und nach dem Jenseits nicht durch Argumente widerlegt, weil sie in diesem Klima gar nicht aufkommen kann. Dieser Atheismus hat nicht einmal eine entfernte Ähnlichkeit mit der Marxschen Vision des »prometheischen« Atheismus. Für Marx ist – ähnlich wie für alle atheistischen Humanisten vom Range – *die Gottesfrage eine Art mythologisierte Sinnfrage*, eine verkappte Frage nach dem Wesen und der Rolle des Menschen in der Geschichte und in der Natur. Die einzig legitime Form des »prometheischen« Atheismus ist dann zweifellos jene, die diese Frage zwar »entmythologisiert«, aber zugleich bewußt macht. Soll der Marxsche »prometheische Mensch«, der die Klassengesellschaft, die Ausbeutung und alle Formen der Selbstentfremdung überwunden hat, wirklich frei und geschichtlich handeln – dann muß er stets die Sinnfrage vor Augen haben und er darf sie nicht im Namen eines naiven »Glücksgefühls« a priori ausschließen und abblenden. Der heute verbreitete Massenatheismus steht – im geschichtlichen Sinn – nicht *über*, sondern *unter* dem Niveau der Religion, weil er die Sinn-Frage nicht stellt und zu stellen überhaupt nicht fähig ist. Ist doch die Gottes-Frage eine verkappte Form der Sinn-Frage. Anders gesagt: der gottgläubige Mensch der Gegenwart sollte eigentlich von der Bergpredigt her sensibilisierter sein für die Probleme der gegenwärtigen Gesellschaft als der Durchschnittsatheist von heute, soweit dieser nichts anderes kennt als acht Stunden Spezialarbeit und in der Freizeit die sinn-lose Suche nach Lust und Ruhe, Glück und Genuß.

Arbeit und Freizeit könnten das menschliche Leben *besinnen*, wenn sie den Menschen zu den Fragen nach dem »woher« und »wozu« hinführen würden. Leider ist die sogenannte

»Freizeit« des heutigen Menschen nicht weniger verfremdet und sinnentleert als die Arbeit. Sein »Ich« wird von vielen kleinlichen Freuden, Genüssen und partikulären Angelegenheiten überdeckt. In der Arbeit wie Freizeit kommen die meisten Menschen nicht zu sich selbst, finden nicht ihre menschliche Identität, sondern verlieren und zerstreuen sich in tausend Annehmlichkeiten und sind letztlich – nach den angeblich »freien« Stunden oder Tagen – ähnlich arm wie früher. Die Arbeit des mittelalterlichen Bauern war – obschon es ihm nicht besser als dem gegenwärtigen Spezialisten ging – wenigstens in einem Einklang mit den Rhythmen der Natur und so mit der Frage nach dem Sein und nach dem Wozu. Seine Freizeit war sicher arm an bunten Sachen, aber sie bot ihm lange Winterwochen, wo er geradezu genötigt war, mit *sich selbst allein zu sein* und so vor die tiefsten Sinn-Fragen gestellt zu werden. Das alles fehlt dem modernen Menschen.
Es ist sekundär, ja fast gleichgültig, in welcher Begriffs- oder Bilderform solche Sinn-Fragen gestellt werden, ob in Form einer mythologischen Sage, einer historischen Erzählung oder in abstrakten Begriffen der neuzeitlichen Ethik oder Existenzphilosophie. Viel wichtiger sind die ununterbrochenen Zeitflächen, in denen das menschliche Individuum mit seinem »Ich« allein sein kann, um dann mit ihm etwas anfangen zu können, es in tieferen Zusammenhängen sehen zu können und so erst diese oder jene Form der Sinn-Frage stellen zu lernen. Nur so wird man fähig, entweder religiöse oder auch atheistische Argumente zu entwickeln. Aber den meisten »modernen« Menschen fehlt schon die Voraussetzung zu solchen Fragen. Der Alltag des modernen Menschen ist einerseits voll *ausgefüllt*. Nach den Arbeitsstunden kommen so viele weitere, »selbstverständlich« nötige Einzelheiten (Verkehr, Hygiene, Einkaufen, Kontakte, Behörde, aber auch ähnlich »nötiges« Besorgen der Glücksgüter und »kleinen Freuden«), daß die meisten Menschen schließlich überhaupt nicht verstehen, daß das Wichtigste fehlt: nämlich die Fähigkeit, mit seinem »Ich« allein zu sein und so tiefere und entferntere Probleme erblicken zu können, als die, die der heutige Tag direkt bringt. Kein Wunder, daß es dem durchschnittlichen Menschen der Gegenwart als ganz »normal« erscheint, daß sein Bewußtsein immer *zerstreut* und zergliedert ist in tausend partikuläre Angelegenheiten. Wenn er sich müde, erschöpft oder frustriert fühlt, ja wenn er sogar fähig wird, eine

gewisse Sinnlosigkeit und Absurdität dieses chaotischen Lebensstils zu ahnen, sucht er fast immer eine schnelle Rettung in neuen Zerstreuungen, so daß ein »circulus vitiosus« entsteht. Die gesuchten Heilmittel sind fast immer schlimmer als die Krankheit selbst.

Die Fähigkeit, täglich hundert Angelegenheiten zu erledigen, geht Hand in Hand mit der Unfähigkeit, etwas Menschliches wirklich lösen zu können, ja es überhaupt in seiner vollen Tragweite zu sehen.

So sind die meisten modernen Menschen Atheisten allein aus dem Grund, weil man die Gottesfrage nicht bloß in einer Pause zwischen zwei Fernsehprogrammen oder wenn man bloß »wartet« (gleichwohl, ob auf einen Bus oder auf einen Arzt), stellen kann. Nicht diese oder jene Weltanschauung und Lebensauffassung, sondern die Unfähigkeit, überhaupt eine eigene Weltanschauung und Lebensauffassung zu haben, ist für die meisten »modernen« Menschen charakteristisch.

Ein solcher Atheismus ist natürlich etwas ganz anderes als was Marx wollte und plante. Er steht – wie gesagt – *unter* dem Niveau der Religion, besser gesagt *unter* dem Niveau des Fragens nach Werten, die durch die traditionellen Mittel der Religion ermöglicht wurden. Im Blick auf diese Flut der nichtdenkenden Mittelmäßigkeit und Sinnlosigkeit sind zweifellos alle Theologen und alle atheistischen Humanisten (also auch marxistische Atheisten) eher Verbündete als Feinde. Diese Tatsache gehörte zu den Wurzeln des Dialogs in den sechziger Jahren.

Man muß *drei Formen und drei geschichtliche Stufen des Atheismus* unterscheiden. Die *erste* steht – ob in der Antike oder heute – eigentlich *unter* dem Niveau der historischen Entwicklung. Sie stellt jenen Zustand dar, wo der Mensch noch ganz in den direkten Angelegenheiten seines Alltags steckenbleibt und noch nicht fähig ist, »jenseitig« oder »diesseitig« nach seiner Stellung in der Geschichte und in der Natur zu fragen sowie den Sinn seines Lebens zu suchen. Die *zweite* Stufe ist dadurch gekennzeichnet, daß durch religiöse Vorstellungen die Sinnfrage schon geweckt, aber zugleich eine globale religiöse Weltanschauung konstruiert wurde, die der Polemik der rationalistischen Kritik zahllose Angriffsflächen bietet: so entfaltet sich der theoretische und polemische Atheismus, der in diesem Buch glänzend beschrieben wurde – in seinen starken wie in seinen schwachen Momenten. Letztlich beweist diese Stufe nur dies: die Urgrundlagen des Seins sind weder durch rationale Konstruktionen religiöser Begriffe, noch durch die bloße rationalistische kritische Destruktion zu erforschen. Nur die Grenzen der reinen spekulativen Vernunft werden auf diesem Wege geklärt, nicht die Urgründe des Seins. Die *dritte* Stufe des atheistischen Denkens entsteht nicht *durch* diese Kontroversen, sondern nach ihnen, also nicht durch direkte rationalistische Polemik gegen die Religion, sondern schon *über* dem geschichtlichen Niveau solcher Polemiken.

Diese dritte Stufe des Atheismus verhält sich zur Religion weniger *polemisch* als vielmehr *dialogisch*. Sie weiß schon von der Gefahr, das Kind mit der Badewanne auszuschütten, also die Sinn-Frage mit der Frage nach Gott abzulehnen – und so wieder *unter* das Niveau der Geschichte zu fallen –, was jetzt in bezug etwa auf die gegenwärtigen Mittel der Technik schon für die bloße Existenz der Menschheit katastrophal sich auswirken könnte. Die – immer realistischer werdenden – apokalyptischen Gefahren der Menschheit zwingen alle zur Zusammenarbeit, die noch wirklich etwas glauben, wirklich lieben, die den *Sinn* so oder so suchen. Dies bleibt als langfristige Aufgabe des Dialogs. Das Ende der sechziger Jahre brachte gewisse Rückschläge nur einer gewissen *Form* des Dialogs, einer Form, die oft bedenkliche Züge eines »Show«-Dialogs annahm. Aber in der Art, wie gewisse Denker (Bloch, Fromm, Barth, Hromádka, Teilhard) schon *vor* den glänzenden »Schau-Dialogen« der sechziger Jahre dialogisch arbeiteten, bleibt die Aufgabe auch weiterhin lebendig.

Der *dialogische Atheismus* ist *methodologisch*. D. h. er arbeitet nicht mit der Hypothese »Gott« in seiner Welt- und Geschichtsanschauung. Er ist nicht *metaphysisch*, er weiß, daß die Möglichkeiten der Wissenschaften die letzte Aussage vom Urgrund des Seins und des Geschehens nicht hergeben. Er ist nicht *dogmatisch*, d. h. er stellt kein Dogma von der Nicht-Existenz Gottes als Bedingung zur humanen Zusammenarbeit auf. Er versteht sich selbst nicht so sehr als *Gegner* der Religion, sondern viel eher als ihren *Nachfolger*, ihren *Erben*. Die Geschichte und die dialogische Präsenz der Religion stellt für ihn nicht ein belangloses Sammelsurium von Unsinn dar (wie dies die meisten Atheisten der Vergangenheit verstanden), sondern einen reichen Schatz der Antriebe zu seiner eigenen *Sinn-Suche*. Denn auch *ohne* die Hypothese der Gottes-Existenz bleibt die Geschichte der Religion und insbesondere der jüdisch-christlichen Überlieferung voll von tiefsten menschlichen Fragen.

Aber ist das überhaupt noch ein Atheismus? Anders ausgedrückt: wenn Pöhlmann so trefflich mehrere Ausgangspunkte fand, durch die die verschiedenen Atheisten *letztlich* ihre Ablehnung Gottes begründen (Ablehnung im Namen der Vernunft, der Natur, des Menschen usw.), ist dann nicht auch beim dialogischen Atheismus etwas Ähnliches zu finden, wodurch er sich *letztlich* als Atheismus versteht? Trotz aller Freundschaft mit den dialogischen Theologen der Gegenwart, es wäre nicht ganz korrekt, so zu fragen, denn – wie wir zu zeigen versuchten – der dialogische Atheismus gehört geschichtlich und neotisch zu einer anderen Stufe der Entwicklung der menschlichen Selbstreflexion. Trotzdem kann man die Pöhlmannsche Frage »in wessen Namen« auch auf den dialogischen Atheismus anwenden. Also: in wessen Namen? In *einem* Wort gesagt: im Namen der *Beunruhigung*, im Namen der reflektierten *Bedrohung*! Im Namen der Bedrohung durch die mißbrauchte Technik – gleichwohl, ob durch nukleare Waffen oder durch die Vernichtung der Natur unseres Planeten – oder durch die steigende Apathie der Massen. Oder besser: im Namen der Beunruhigung, ob die bisherigen geistigen und moralischen Mittel der Menschheitsgeschichte (darunter die Antinomie zwischen dem Gottesglauben und der ablehnenden atheistischen Polemik) überhaupt noch hoffen lassen, der Menschheit aus den gegenwärtigen Sackgassen der Technik und der sinnleeren Apathie *tatkräftig* herauszuhelfen! Man könnte – natürlich vereinfacht – es auch so ausdrücken: man wird »dialogischer« Atheist aus dem Erlebnis *der Todesgefahr der steigenden Verbreitung des oben erwähnten »praktischen« Alltagsatheismus der Gegenwart.* Denn daß die Tendenz, »nichts« zu glauben – wenn sie bedeutet, ohne Sinn-Frage zu leben, ohne »woher« und »wozu« zu fragen – nicht die Todesgefahren der mißbrauchten Technik meistern kann, ist offensichtlich klar. Und wenn die traditionellen Träger des Christentums eine Sprache benützen, die für die Massen schon a priori unverständlich ist, dann hilft es nicht, immer wieder zu betonen, es liege am Menschen. Diese Sprache empfindet der heutige Massenmensch einerseits als zu archaisch, andererseits als »fremd«, weil sie für ihn uninteressante »Kleinigkeiten« oder »Phantasmata« artikuliert.

Man müßte sich verpflichtet fühlen, in diesem Menschen des 20. Jahrhunderts die Sinn-Frage auf eine andere Weise zu wecken. Man wird über dieser Aufgabe zum «dialogischen« und methodologischen Atheisten u. a., weil man fürchten muß, daß die Waffen der Religion zu stumpf sind, um die Todesgefahr des Konsum-Atheismus des 20. Jahrhunderts zu bannen. Trotz seiner bisherigen Akzentuierung der Ökonomie und Politik und trotz aller Erstarrungen und Dogmatismen, hätte der Marxismus das Zeug, die Sinn-Frage auf eine nicht-religiöse Weise in den apathischen Massen zu wecken. Denn trotz aller Vereinfachungen ist er doch mit einer neuzeitlichen Massenbewegung verknüpft. Daß das viele seiner Führer bis heute nicht schaffen, stellt freilich auch eine wichtige Tatsache dar, aber vernichtet nicht ganz diese Hoffnung.
Seit Bonhoeffer geben mehrere profilierte Theologen zu, daß die Hypothese »Gott« als Voraussetzung vielleicht gar nicht nötig ist, um die Schätze der biblischen Überlieferung weiterzuvermitteln. Die dialogischen Atheisten ziehen hieraus die Konsequenzen – freilich nicht ohne Mißverständnisse allerseits. Daß sie dazu wenigstens relativ berechtigt sind, zeigte Bonhoeffer ganz deutlich.
Weil ich die Ideale, den Heroismus und den Märtyrertod dieses Menschen tief verehre, halte ich es für notwendig, mich mit einer berühmten These dieses Denkers auseinanderzusetzen. Es ist das bekannte Wort von der jetzt schon *mündigen Welt.* Vor dreißig Jahren fühlte ich ähnlich, und als ich sie dann vor etwa zwanzig Jahren bei Bonhoeffer las, schmeichelte sie meinen eigenen Tendenzen – und so nahm ich sie gerne an. Aber nach meinen weiteren Erfahrungen scheint mir nichts so illusionär und durch die Praxis widerlegt zu sein, als dieses Wort von der angeblichen Mündigkeit der heutigen Welt. Die Welt ist alles andere als mündig. Das gilt auch von der sog. Intelligenz. (Wissenschaftler, Forscher, Ingenieure, Künstler, Ärzte) Die meisten Menschen sind viel eher große Kinder oder – genauer gesagt – sie suchen mit großer Bemühtheit Ersatzstrukturen für ihre Kindheitserlebnisse. Es blüht der naivste Provindenzialismus und Paternalismus – und zwar direkt in den Zentren des hochentwickelten technischen Fortschritts. Nicht so sehr durch religiöse Väterbilder als durch ihre Verspieltheit bleiben die meisten Menschen Kinder. Von Mündigkeit kann beim durchschnittlichen Konsumenten unserer Zeit keine Rede sein.

Die erwähnte These Bonhoeffers hat sicher darin ihr Recht, daß sie die christliche Theologie mahnt, ganz ernst die Frage nachzuprüfen, ob in der herkömmlichen Form der christlichen Predigt und Erziehung nicht vielleicht wirklich etwas *Unmündiges* steckt, was den echten Schätzen der christlichen Botschaft den Zugang zum heutigen Menschen erschwert oder ganz verunmöglicht. Die herkömmliche christliche Überlieferung hat jedenfalls eine überwiegend *monologische*, einseitig »lehrende«, den anderen zum Schweigen verurteilende Form der Vermittlung.
Der keimende Dialog zwischen Christen und Atheisten ist vielleicht eine der wenigen *mündigen* Phänomene der Gegenwart, die unentbehrlich sind, um in unserer sonst so unmündigen Welt die Hoffnung auf das Überleben der Menschheit doch nicht ganz zu verlieren.

Milan Machovec

HINFÜHRUNG ZUM THEMA

»Unvergeßlich der alte Mann im Lichterrausch von Picadilly Circus, gebeugt über seine Zeitungskiste, die Hände gefaltet, versunken ins Gebet, unbekümmert ... der kurzweilig durchbrochenen Gleichgültigkeit, die ihn umbraust. Sein fleckiger Regenmantel verdeutlicht, wie weit er von irdischem Ehrgeiz entfernt ist. Die Lippen bewegen sich, doch nichts wird hörbar: Autohupen und der Vielklang endlos vorbeirollender Motore, Geschrei und Musik löschen alles aus, so daß niemand den Alten vernimmt, die Stimme Gottes, der unter die eignen Geschöpfe geraten wie unter eine Dampfwalze, die kein Ziel kennt, sondern nur den Weg, auf dem sie alles einebnet.«[1]
Mit dieser Szene, die den Titel »Erinnerung an Gott« trägt, charakterisiert der Schriftsteller *Günter Kunert* (geb. 1929) treffend unsere Zeit. Gott ist für den heutigen Menschen ein unbeachteter alter Mann, wie jener Greis vom Picadilly Circus, der – weil ihm keiner mehr zuhört – senile Selbstgespräche führt. Ein überflüssiges Relikt aus einer vergangenen Epoche! Ein Erinnerungsstück – gewiß, das man mitunter sogar liebevoll aufbewahrt und demgegenüber man so etwas wie eine ironische Treue empfindet. Aber eben etwas, was man nicht mehr gebrauchen kann im Leben. Die moderne industrialisierte Welt kann sich aus sich selber erklären. Sie bedarf zu ihrer Erklärung keiner Gottesvorstellung mehr. Sie kommt ohne Gott aus. Die Technik, die alles machbar macht, ersetzt heute das Gebet. Wo der vorindustrielle Mensch auf Gottes Hilfe im Gebet angewiesen war, verläßt sich der moderne Mensch auf ein selbstgeschaffenes Sicherungssystem, mit dem er sich vor Unglück und Not schützt, vom Blitzableiter bis

1 G. Kunert: In: Neue Rundschau 80/1969, H. 2, S. 224.

hin zur Krankenversicherung und zum Pensionsanspruch. Gott kommt nicht mehr vor in seinem Kalkül. Der heutige Mensch ist sozusagen »religiös unmusikalisch« (*K. Tucholsky*). Weil Gott ohnehin überflüssig ist, macht man sich gar nicht mehr die Mühe, ihn abzulehnen. Man spricht vom *praktischen* oder *stillschweigenden Atheismus**. Anders der *dezidierte* oder *Überzeugungsatheismus*, der die Gottesvorstellung ausdrücklich bekämpft und den praktischen Atheismus konsequent zu Ende denkt. Er bestreitet nicht nur – wie jener – die Brauchbarkeit Gottes, sondern *Gott selber*. Die Anfänge des Überzeugungsatheismus liegen in der Aufklärungszeit**. Erbarmungslos brach er im 19. und 20. Jahrhundert in die Umzäunungen der traditionellen Theologie ein. Er war die schärfste Herausforderung des Christentums seit seinem Bestehen. Die Strategie, mit der man miteinander kämpfte, war entsprechend hart. Ging es doch um Sein oder Nichtsein. Man verkroch sich in sturmsichere Schützengräben. Ein bitterböser Schußwechsel und Lautsprecherparolen herüber und hinüber waren – wie das bei einem Schützengrabenkrieg zu sein pflegt – die einzige Form der Verständigung. Ein einfallsloser Dogmatismus beherrschte das Feld. Die rostig uralte Maschinerie der Gottesbeweise wurde neu in Bewegung gesetzt. Es wurden Antworten gegeben auf Fragen, die gar nicht gestellt wurden, und Fragen, die gestellt wurden, nicht beantwortet.
Mehr und mehr kam man aber zur Einsicht: Die auf glatten Schienen laufende Argumentation ist ohne Ziel und Sinn, die tausendfach erprobten Klischees verfangen nicht mehr. Nicht wenige Atheisten und Christen verließen das Schützengrabensystem der Vorurteile und schlossen sich zusammen im gemeinsamen Kampf für eine menschlichere Welt. Gemeinsam erfahrenes Leid in totalitären Systemen verband viele zu einer neuen gemeinsamen Front. Das atheistisch-christliche Gespräch scheint in eine neue Phase getreten zu sein. An die Stelle des Schützengrabenkrieges ist nicht selten das Gespräch, der Dialog getreten.
Dieses Buch hat einzig und allein den Sinn, diesen atheistisch-christlichen Dialog zu fördern. Es verläßt bewußt das Grabensystem der herkömmlichen Debatte, das ja nach wie

* Atheismus kommt aus dem Griechischen: atheos ist der, der ohne theos, ohne Gott ist. Der Theismus ist der Glaube an Gott.

** Aufklärung = Vernunftzeitalter (17. und 18. Jahrhundert)

vor – trotz der Tendenzwende hin zum Dialog – die Szenerie bestimmt.

Es stellt sich zunächst die Aufgabe, sachlich über den Atheismus, der ja vom Christentum so oft – wie umgekehrt – karikiert wurde, zu informieren. Der Teil B (und A) erfüllt diese Informationsfunktion. Das Buch will sich sodann im Teil C (und D) mit dem Atheismus aus christlicher Sicht auseinandersetzen. Dies soll aus der Haltung des Hinhörens geschehen – wie die Voranstellung des Informationsteils B erweist. Dabei sollen zunächst Mißverständnisse zwischen Atheismus und Christentum geklärt und Vorurteile abgebaut werden. Es geht – wie in jedem echten Dialog – um Verständigung im gegenseitigen Aufeinanderhören und Voneinanderlernen, nicht um eine Widerlegung oder Vereinnahmung alten Stils. Das Buch hat nicht die Absicht, Risse im Verteidigungsschild des Atheismus zu suchen, um ihn besser bekämpfen zu können. Ebensowenig geht es darum, selber eine bessere Verteidigungslinie zu beziehen oder die »Fahne des Abendlandes« hochzuhalten und die bekannten anderen vorgestrigen Praktiken zu bemühen. Sondern es geht – wie gesagt – einzig darum, Scheingegensätze aus dem Weg zu räumen und Brükken der Verständigung zu schlagen. Das Buch richtet sich entsprechend an Religionslose und Religiöse, Christen wie Nichtchristen, Kirchenchristen wie Christen ohne Kirche. Adressaten sind alle, die von der Gottesfrage nicht loskommen, ganz gleich, ob sie Gott bejahen oder verneinen.

Damit ist angedeutet, was hier im Kern zur Debatte steht: die Frage, wer dieser Gott denn eigentlich ist, zu dem beispielsweise nach einer Meinungsumfrage vom Jahr 1967 86 % der Westdeutschen immer noch beten[2]. Ist dieser Gott

- eine Illusion oder Wirklichkeit
- ein Pfaffentrug oder die letzte Wahrheit
- der alliebende Vater oder der »grausamste Jäger« (Nietzsche)

2 Was glauben die Deutschen? Die Emnid-Umfrage, hg. von W. Harenberg, München 1968, S. 61. Dieser etwas unglaubwürdig klingende Prozentsatz schlüsselt sich wie folgt auf: 27 % geben vor, täglich zu beten; 40 % meinten, man sollte nicht täglich beten, sondern nur, wenn man das Bedürfnis danach hat; 19 % sagten, sie beten nur, wenn sie in großen Schwierigkeiten sind; 13 % waren der Meinung, Beten bedeute ihnen nichts; 1 % keine Angabe.

- eine »Fröhlichkeitspille« (G. Benn) oder das blindzuschlagende Schicksal
- Opium oder das Gewissen
- ein höheres Wesen oder die Tiefe der Welt
- die Weltordnung oder das Gute im Menschen
- eine Person oder ein anderes Wort für Mitmenschlichkeit
- der »Allumfasser« (Goethe) oder das unfaßliche Geheimnis
- der »dunkle Unbewußte« (Rilke) oder der Aufheller dunkler Stunden
- ein Grenzwort für alles Unbegreifliche oder theologisches Spielzeug
- die Verabsolutierung menschlicher Süchte und Sehnsüchte oder der unverrechenbare Rest unseres Lebens
- ein Geist oder der, der in Jesus Christus Fleisch geworden ist?

Wer ist dieser Gott? Dieser Frage kann ehrlicherweise niemand ausweichen, ganz gleich, ob er Gott bejaht oder verneint. Trotzdem wird diese Frage von vielen mit taktvollem Schweigen übergangen. Man geniert sich, von Gott zu reden. Eine dünne Decke belanglosen Geredes überdeckt die Frage nach Gott. Gleichwohl schwelt sie unter der Decke. So scheint es jedenfalls zu sein, wenn man die oben angeführte Meinungsumfrage von 1967, die Religiöse und Religionslose in gleicher Weise überrascht hat, ernstnimmt. Ihr zufolge bejahen 90 % der Westdeutschen die Existenz Gottes oder eines »höheren Wesens«*. Die viel wichtigere Frage, was das für ein Gott ist, den man bejaht, und was man unter den Begriffen »Gott« und »höheres Wesen« versteht, wurde in dieser Meinungsumfrage freilich nicht gestellt. Ist er eine Realität? Ein Wunschbild? Oder einfach die Sehnsucht? Oder nur die Sehnsucht nach der Sehnsucht?

Wie dem auch sei. Nicht zuletzt diese Meinungsumfrage erweist: Die Gottesfrage stellt sich unausweichlich, ganz gleich, wie man zu ihr steht[3]. Theismus** und Atheismus kommen in gleicher Weise von ihr nicht los.

* 68 % Gott, 22 % ein höheres Wesen.

** = Gottesglaube.

3 *Theologischer Literatur zum Problem des Atheismus*:
H. M. Barth: Glaube als Projektion, in: Neue Zeitschrift für Systematische Theologie und Religionsphilosophie 12/1970, H. 3, S. 363 ff. – H. Gollwitzer: Krummes Holz – aufrechter Gang, 6. Aufl.

Wir gehen in den 7 Anschnitten von 7 Grundtypen des Atheismus aus. Die Einteilung in diese Grundtypen erfolgt weniger nach historischen, als nach inhaltlich-weltanschaulichen Gesichtspunkten.
Jedes Kapitel beginnt mit dem »Einstieg« A, der das Interesse für die Thematik wecken und in sie einstimmen soll. Sodann folgt der Teil B »Information«, der den Stoff darbietet und der Teil C »Diskussion«, der anhand von Diskussionsimpulsfragen sich mit ihm auseinandersetzt. Der abschließende Teil D »Konkretion« will die Thematik aufs Leben anwenden und »Lernaufgaben« stellen.
Wird das Buch nicht vom *Einzelleser* sondern in der *Gruppenarbeit* der Erwachsenenbildung verwendet, dann wäre folgendes zu beachten: Es gehört in die Hand *aller* Teilnehmer einer Erwachsenenbildungsveranstaltung, nicht nur in die des Veranstalters. Es ist für die Arbeit in der *eigenaktiven* Lerngruppe bestimmt, in der der Dialog im Mittelpunkt steht und in der man ohne Referenten auskommt, weil die Diskussion auf der Grundlage des Textes des Arbeitsbuches geführt wird (»Textdiskussion«). Dieser dialogische Stil ist lerneffektiver als der Vortrags- oder »Referatstil«*, er setzt aber auch mehr Mündigkeit bei den Teilnehmern voraus. Das Referat im üblichen Sinn ($^{3}/_{4}$–1stündiger Vortrag) wirkt nicht selten entmündigend (Referentenfixiertheit, Respektskrampf usw.), während der erarbeitende Dialog die Teilnehmer aktiviert.
Das Buch soll in der Gruppenarbeit nur in *Auswahl* verwendet werden, und höchstens 30 % des Textes sollte besprochen werden, um die Teilnehmer vor jedem falschen Leistungsdruck zu bewahren. Von den 7 Atheismustypen (I–VII) sollten höchstens 4 (in 4 Abenden) durchgenommen werden, die von den Teilnehmern ausgewählt werden**.

* Nach E. Harke und H. Siebert speichert der Erwachsene im Durchschnitt 20 % der gehörten Information, 30 % der gesehenen, 50 % des Gehörten und gleichzeitig Gesehenen, 70 % des selbst Gesprochenen und 90 % des selbst Erarbeiteten.

** Die 7 Abschnitte können unabhängig voneinander gelesen werden.

München 1973, S. 345ff. – Gespräch mit dem Atheismus, B. und R. Kakuschke u. a., Düsseldorf 1970. – H. Fries: Abschied von Gott, München 1968. – Ludwig Klein (Hg.): Der moderne Atheismus, München 1970. Hanns Lilje: Atheismus, Humanismus, Christentum, Hamburg 1962. – H.-R. Müller-Schwefe: Atheismus, Stuttgart 1962. – R. Sauer: Die Herausforderung des Atheismus, München 1970. – Chr. Link, Theol. Perspektiven nach Marx und Freud 1971

Aber auch aus den Unterabschnitten in C (und B) sollte von den Teilnehmern eine Auswahl getroffen werden. Wird etwa für den ersten Abend der Abschnitt *»Die Ablehnung Gottes im Namen der Vernunft«* (rationalistischer Atheismus) gewählt, dann könnte man folgendermaßen vorgehen: »Einstieg« und »Information« S. 31 bis S. 39 wird von den Teilnehmern (auswahlweise) zu Hause gelesen. Der Diskussionsleiter faßt »Einstieg« und »Information« zusammen. Aus dem »Diskussions«-Teil S. 39ff. wird von den 2 Themenbereichen oder »Fragekästen« (S. 39f., 46) einer ausgewählt, der am meisten interessiert. Der Erläuterungstext zu dem ausgewählten »Fragekasten« wird vom Diskussionsleiter kurz referiert und dann – ausgehend von den Kastenfragen – diskutiert. Am Schluß wird die Konkretion S. 51 still (in Auswahl) gelesen.
Es gibt noch andere methodische Möglichkeiten wie etwa die: Der Diskussionsleiter referiert kurz und auswahlweise »Einstieg« und »Information«. Die Teilnehmer diskutieren über einen ausgewählten »Fragekasten« des Diskussionsteiles, ohne daß die Erläuterungen dazu referiert werden, die ja nach Möglichkeit später zu Hause nachgelesen werden können. Der Diskussionsleiter verliest zum Schluß die »Konkretion« in Auswahl.
Bei Wochenendfreizeiten muß selbstverständlich anders verfahren werden. (Einschaltung stiller Lesezeiten etc.)

Abschnitt I

DIE ABLEHNUNG GOTTES IM NAMEN DER VERNUNFT

Der rationalistische Atheismus

D. Diderot – B. Russell – J. Huxley

A. EINSTIEG

»An alle über 14jährigen Schülerinnen und Schüler, die noch Mitglieder von Religionsgemeinschaften sind!!!!
Euch hat man als Säuglinge, die ihr völlig wehrlos den Erwachsenen gegenüber wart, durch die Taufe in die Religionsgemeinschaft zwangseingeführt.
Größtenteils geschah dies seitens Eurer Eltern nicht so sehr aus Glaubensüberzeugung, sondern lediglich der Tradition wegen oder der lieben Verwandten zuliebe.
Diese gut organisierte Tradition ist sogar staatlich geschützt, indem Ihr mittels Gesetz gezwungen seid, in der Religionsgemeinschaft bis zur Vollendung Eures 14. Lebensjahres Mitglied zu bleiben.
Erst dann seid Ihr religionsmündig.
... Ihr werdet in der Schule im Fach ›Biblische Geschichte‹ mit der höchsten Weisheit bekanntgemacht. So wurdet Ihr mit der Sagenwelt um Adam und Eva vertraut gemacht. War das nicht originell? Eventuell folgte dann die Sintflut. Habt Ihr auch erfahren, weshalb die Wassertiere leben bleiben durften?
Vermutlich wurdet Ihr auch mit der Geschichte von der Jungfrau Maria belastet. Mußtet Ihr lange knobeln, ob sie Jungfrau war??
Die bedauernswerten Lehrer, die Euch die Güte Gottes beweisen sollen, müssen logischerweise auf die gründliche Behandlung dieses Themas verzichten, denn Moses, 2. Buch, heißt es: ›Ich, der Herr, dein Gott, bin ein eifriger Gott, der da heimsucht der Väter Missetat an den Kindern bis in das dritte und vierte Glied ...‹ (Ist das nicht Rachsucht???)
... So wurdet Ihr mit Sagen, Legenden, Erzählungen und Ausschnitten aus verschiedenen Lehren brosamenweise bekannt. Und ... nun ... seid ... Ihr ... religionsmündig!!! Jetzt nehmt Euer Recht!! Entscheidet Euch für Kirchenaustritt!!
Zwar kann man über Religion reden, doch: Euch nutzt nur

eine solche Wahrheit, die sich im praktischen Leben beweisen läßt!
Braucht Ihr etwa zum Anständigsein, zum Ehrlichsein die Furcht vor Gott??? Nein!!!
Die Erziehung zur Furcht ist in jedem Falle Erziehung zur Unfreiheit!
Wem nützt solche Erziehung?? All jenen, die daraus Profit ziehen wollen!! Wollt Ihr freie Menschen werden? ... Dann müßt Ihr Euch vom Geist des Glaubens befreien!
Das XX. Jahrhundert braucht nicht gläubige, sondern wissende Menschen!!
Wissen kann nur durch freies Denken erlangt werden! Sprecht mit Euren Eltern, damit sie Euch verstehen, und tretet massenweise aus der Kirche aus!!!!«
Dieser vor einigen Jahren erschienene Aufruf des Freidenker-Verbandes umreißt schlaglichtartig, was der Typ des rationalistischen Atheismus will: Der Glaube soll durch die Vernunft ersetzt werden.
Der Rationalismus ist eine Geisteshaltung des 17. und 18. Jahrhunderts, für die die ratio, (zu Deutsch) die Vernunft, einziges Richtmaß des Denkens und Handelns ist. Wahr ist nur, was vernünftig ist. Der Rationalismus wird auch Aufklärung (französisch Lumières, italienisch Illuminismo) genannt. Aufklärung heißt soviel wie Erleuchtung. Das Licht der Vernunft wird dem finsteren Mittelalter gegenübergestellt. Die Vertreter der (französischen) Aufklärung sind zum Teil Atheisten. Sie meinen: Die Gottesvorstellung ist widervernünftig und sie verdummt den Menschen.
Wir diskutieren in diesem Abschnitt D. Diderot, einen Hauptvertreter des atheistischen Rationalismus der französischen Aufklärung, sowie zwei Vertreter des Neurationalismus unserer Zeit: B. Russell und J. Huxley.

B. INFORMATION

1. Denis Diderot: Gott, ein Gespenst und Gespinst

Denis Diderot (1713–1784) ist der Führer der materialistischen* Schule der französischen Aufklärung, der auch *P.-H. Holbach* (1723–1789) und *La Mettrie* (1709–1751) zugehören, der das Buch »L'homme machine« (Der Mensch, eine Maschine) verfaßt hat.
Der Atheimus Diderots hat eine politische Spitze und richtet sich vor allem gegen die klerikale Bevormundung im ancien régime** und gegen die Kirche. Weniger sollte der Schattenkönig im Himmel, als seine Administration auf Erden getroffen werden. Die Entmündigung des Menschen durch die Religion und die Unvernunft der Gottesvorstellung kommt besonders deutlich in Diderots Insel-Parabel*** zum Ausdruck:
»Eines Tages sah sich ein Mann an das Ufer einer fremden Welt verschlagen«. Es gefiel ihm hier und er wollte sich dort niederlassen. »Er sah drei Greise mit langen Bärten« und fragte sie: »Könnten Sie mir, bitte, sagen, wo ich mich befinde und wem dieses Land gehört?« Einer der Greise gab zur Antwort: »Sie befinden sich in den Ländern des wohltätigen Geistes, der das gegenüberliegende Ufer bewohnt. Sie sind an diesen Strand gespült geworden gegen Ihren Willen und auf seinen Befehl. Er hat die Eigenart, Menschen glücklich zu machen, und in dieser Absicht läßt er die Fremden Schiffbruch erleiden. Die nicht ertrinken, nimmt er unter seinen Schutz und schließt sie eine bestimmte Zeit in diesem Lande ein ...« »Diese Herren und ich sind seine Minister und von ihm beauftragt, seinen Untertanen seinen Willen kundzutun, seinen Gesetzen Achtung zu verschaffen und Strafe und Lohn zu versprechen.«
Auf die Frage, warum der wohltätige Geist »nicht unter seinen Schützlingen lebt« und »was er auf dem anderen Ufer tut«,

* Materialismus = die Anschauung, wonach alles Seiende materiell, d. h. körperlich ist.

** das alte Regime (vor der Revolution 1789).

*** Parabel = ein Gleichnis, das eine sittliche oder religiöse Wahrheit verdeutlicht.

bekommt er von dem Greis die Antwort: »Was wir für ihn aussagen, befreit ihn von der Notwendigkeit, sich zu zeigen, da wir von ihm inspiriert* sind. Im übrigen ... sollen Sie wissen, daß man mich Hochwürden nennt. So hat es der gütige Geist befohlen«.

»Während sie sprachen, hörten sie einen großen Lärm, Schreie, teils voll Schmerz, teils voll Lust und Freude«. Als der Fremde nach dem Grund fragte, antwortete der dritte Greis: »Der Geist gestattet von Zeit zu Zeit, um die Geduld seiner Untertanen und ihr Vertrauen zu ihm auf die Probe zu stellen, daß sie erschlagen werden, während sie seine Güte ... loben«. Denn sie haben sich »im Schlaf« durch einen Schwur »verpflichtet«, »an seine Vollkommenheit zu glauben«, genauso wie »Sie selbst«, »als Sie an dieses Ufer gespült wurden«.

Auf seine erstaunte Rückfrage »Ich hätte einen Schwur getan? Ich will sterben wenn ich etwas davon weiß«, gibt der Minister die Antwort: »Sie sind darum nicht weniger gebunden.« Auf die neugierige Frage des Fremden, wozu er sich im einzelnen während dieses Schlafes (gemeint ist die Säuglingstaufe) »verpflichtet« hätte, antwortet man ihm: »Unter anderem zu glauben, daß der Geist drei Köpfe hat und daß ein einziger Geist diese drei Köpfe belebt, daß er voller Gerechtigkeit und Güte ist; denn er liebt seine Untertanen und macht sie nur unglücklich zu ihrem eigenen Wohl ... Ihre übrigen Verpflichtungen sind im Auszug in diesen zwölf Foliobänden enthalten, die Sie, wenn Sie Lust und Laune dazu haben, auswendig lernen können. Aber Sie müssen wissen, daß, wenn Sie nur ein einziges Wort falsch auslegen, Sie ohne Gnade verloren sind«.

»Der Ernst, mit dem man ihm diese Sinnlosigkeiten zum besten gab, ließ ihn einen Augenblick schwanken, ob der Verstand der Greise oder sein eigener krank sei.« »Die Unmöglichkeit, die Insel zu verlassen, brachte ihn zu dem Entschluß, im großen und ganzen so zu handeln wie die anderen, obgleich er sich im Grunde nicht entschließen konnte, ein Wort von all dem zu glauben, was man ihm als Glaubensregeln erzählt hatte«.

»Eines Tages setzte er sich ermüdet auf ein Brett am Strand und versank in träumerisches Nachdenken. Er bemerkte nicht, daß es ihn ... an das gegenüberliegende Ufer entführte.«

* Inspiration = Geisteseingebung.

»Ach, sagte er, so werde ich denn endlich den merkwürdigen Geist zu Gesicht bekommen.« »Nachdem er alle Winkel der Insel durchsucht hatte, fand er ihn endlich oder besser, fand ihn nicht«[4], d. h. er fand ein Gespenst und Gespinst.
Diese Entdeckung macht den Menschen nicht gleichgültig, sondern sie läßt ihn andere Richtwerte suchen. An die Stelle Gottes rückt der »Zufall«, die »Natur« und das »Gewissen«. Vor allem aber ist es die »Vernunft«, die auf dem leergewordenen Gottesthron inthronisiert wird. Diderot bekennt sich zu ihr mit ähnlicher Entschiedenheit, mit der der Religiöse sich zu Gott bekennt. Mit geradezu religiöser Emphase preist er in der Enzyklopädie* die Vernunft als die »Fackel«, die uns »in der Nacht« »vorausleuchtet«. Auf ihre »Stimme« gilt es zu hören. Sie »bedeutet für den Philosophen**, was die Gnade für den Christen bedeutet«[5].
Ähnlich der Rationalist *P.-H. Holbach*, nach dessen Ansicht der Atheist ein Mensch ist, »der die dem Menschengeschlecht schädlichen Hirngespinste zerstört, um die Menschen zur Natur, zur Erfahrung, zur Vernunft zurückzuführen«[6].
Der Atheismus der Aufklärung beeinflußte den Positivismus, eine Weltanschauung des 19. Jahrhunderts, die nur das »Positive«, d. h. das Vorgegebene und sinnlich Erfahrbare gelten läßt und alles Übersinnliche ablehnt. *Auguste Comte* (1798–1857), der eigentliche Begründer des Positivismus, meint: Die Wissenschaft muß sich auf das beschränken, »was ist«, sie bleibt immer *»relativ«*, d. h. auf die Welt *bezogen*; für sie gibt es nichts von der Welt *Abgezogenes*, *»Absolutes«*[7], wie etwa Gott.

* Enzyklopädie = übersichtliche Darstellung des gesamten Menschheitswissens in alphabetischer oder systematischer Anordnung. Berühmt ist die französische Enzyklopädie, die 1751–1780 entstand, 35 Bände umfaßt und von Diderot und d'Alembert herausgegeben wurde.

** Philosophie = wörtlich Weisheitsliebe. Sie ist das Streben nach Erkenntnis der letzten Zusammenhänge des Seienden.

4 Aus: Geheimnisse der Religion, (Ost)Berlin 1958, S. 89ff.
5 Enzyklopädie dtv. 4026, S. 343f., 288.
6 P.-H. Holbach: System der Natur, in: Geheimnisse der Religion, 1958, S. 263.
7 A. Comte: Rede über den Geist des Positivismus, Hamburg 1956, S. 29, 91.

Der rationalistische Atheismus hat nicht nur auf den Positivismus Comtes, sondern auch auf das Denken von Feuerbach und Marx nachhaltig eingewirkt. (Zu Feuerbach siehe II B 1, zu Marx III B 1)

2. Bertrand Russell: Gott als Fesselung der freien Intelligenz

Der englische Philosoph und Mathematiker *B. Russell* (1872–1970) vertritt einen Neurationalismus und Neupositivismus. Russell führt die Religion vor allem auf die Angst zurück, ähnlich wie das vor ihm schon Ludwig Feuerbach (1804–1872) und andere getan haben (zu Feuerbach siehe II B 1). Russell schreibt in seinem bekannten Buch »Warum ich kein Christ bin«: »Angst ist die Grundlage« der Religion. »Angst vor dem Geheimnisvollen, Angst vor Niederlagen, Angst vor dem Tod. Die Angst ist die Mutter der Grausamkeit, und es ist deshalb kein Wunder, daß Grausamkeit und Religion Hand in Hand gehen, weil beide aus der Angst entspringen. Wir beginnen nun langsam, die Welt zu verstehen und sie zu meistern, mit Hilfe einer Wissenschaft, die sich gewaltsam Schritt für Schritt ihren Weg gegen die christliche Religion, gegen die Kirchen und im Widerspruch zu den überlieferten Geboten erkämpft hat. Die Wissenschaft kann uns helfen, die feige Furcht zu überwinden, in der die Menschheit seit so vielen Generationen lebt. Die Wissenschaft ... kann uns lehren, nicht mehr nach einer eingebildeten Hilfe zu suchen und Verbündete im Himmel zu ersinnen, sondern vielmehr hier unten unsere eigenen Anstrengungen darauf zu richten, die Welt zu einem Ort zu machen, der es wert ist, darin zu leben.« »Die ganze Vorstellung von Gott stammt von den alten orientalischen Gewaltherrschaften. Es ist eine Vorstellung, die freier Menschen unwürdig ist. Wenn man hört, wie sich die Menschen in der Kirche erniedrigen und sich als elende Sünder usw. bezeichnen, so erscheint das verächtlich und eines Menschen mit Selbstachtung nicht würdig. Wir sollten uns erheben und der Welt frei ins Antlitz blicken. Wir sollten aus der Welt das Bestmögliche machen, und wenn sie nicht so gut ist, wie wir wünschen, so wird sie schließlich immer noch besser sein als das, was die anderen in all den Zeitaltern aus ihr gemacht

haben. Eine gute Welt braucht Wissen, Güte und Mut«. Sie muß sich daher von der »Fesselung der freien Intelligenz durch Worte, die vor langer Zeit von unwissenden Männern gesprochen wurden«, emanzipieren. Sie muß sich von ihrer religiösen Vergangenheit und von dem himmlischen Märchenkalifen ihrer Kinderzeit lösen. »Sie braucht einen furchtlosen Ausblick auf die Zukunft und eine freie Intelligenz«[8].
Die Gottesbeweise, die die christliche Theologie immer wieder wie eine Pflichtübung absolviert, überzeugen nicht – wie Russell meint. Der *Beweis aus der ersten Ursache* argumentiert folgendermaßen: Es gibt in der Welt auf Schritt und Tritt Bewegung. Was bewegt wird, wird von einem anderen bewegt, das seinerseits wieder von einem anderen bewegt wurde und so fort. Alle Ursachen in der Welt sind ihrerseits von anderen Ursachen abhängig und die wieder von anderen und so fort. Da das aber nicht ins Unendliche so fortgehen kann, muß es eine erste unverursachte Ursache geben: Gott. Russell meint, dieser Ursachenbeweis sei unvernünftig. Denn auf die Frage: Wer hat die Welt erschaffen, gibt es keine Antwort, da diese sofort die weitere Frage nahelegt: »Wer hat Gott erschaffen?« Wenn man davon ausgeht, »daß alles eine Ursache haben muß« – wie der Ursachenbeweis –, »dann muß auch Gott eine Ursache haben«. Wenn es aber umgekehrt »etwas geben kann, das keine Ursache hat, kann das ebenso die Welt wie Gott sein«, so daß der Ursachenbeweis hinfällig ist.
Ähnliches gilt vom *Ordnungsbeweis*, der von der Ordnung in der Welt auf einen überweltlichen Ordner schließt. Denn er geht von der falschen Voraussetzung aus, die Welt sei in Ordnung. Das Leben auf der Erde ist »nur ein Übergangsstadium im Verfall des Sonnensystems«. Es wird »zu einem gewissen Zeitpunkt aussterben«. »Der Mond führt uns vor Augen, worauf die Erde zusteuert: auf etwas Totes, Kaltes und Lebloses«[9]. Es ist nicht so treuherzig einfach, wie die Gottesbeweise annehmen. Ihr Gott ist ein Operettengott[10].
Aber werden die Menschen ohne den Glauben an Gott nicht unmoralisch? Die Grausamkeit des angeblich so frommen

8 B. Russell: Warum ich kein Christ bin, 1963, S 35f.
9 Russell, ebd. S. 20, 23f.
10 Andere Gottesbeweise und näheres zu den Gottesbeweisen siehe H. G. Pöhlmann: Abriß der Dogmatik, 2. Aufl. 1975, S. 87ff.

Mittelalters beweist, daß der Glaube an Gott den Menschen nicht unbedingt gut macht[11]. »Ein Verfall des dogmatischen* Glaubens kann nur Gutes hervorbringen« – ganz gleich, ob er christlichen oder kommunistischen Ursprungs ist. »Was die Welt braucht, ist nicht ein Dogma, sondern eine Bejahung der wissenschaftlichen Forschung zusammen mit dem Glauben, daß die Qualen von Millionen nicht wünschenswert sind, ob sie nun von Stalin oder einer Gottheit, die sich der Gläubige als sein Ebenbild vorstellt, verhängt werden«[12]. Richtwert und Norm ist für Russell allein die Vernunft und Wissenschaft[13].

3. Julian Huxley: Gott als Fluchtstätte für unglückliche und unwissende Menschen

Der englische Biologe und Schriftsteller *Julian Huxley* (geb. 1887) weiß sich ebenso wie Russell einem Neurationalismus und Neupositivismus verpflichtet. Er meint: »Gott ist eine vom Menschen erdachte Hypothese** bei dem Versuch, mit dem Problem der Existenz fertigzuwerden. Die Gotteshypothese behauptet das Vorhandensein eines übernatürlichen und persönlichen oder überpersönlichen Wesens, das eine Art zweckbestimmter Macht über das Universum und sein Schicksal ausübt. Heute ist die Gotteshypothese wissenschaftlich nicht mehr haltbar, sie hat ihren erläuternden Wert verloren und ist für unser Denken ein Hindernis geworden. Sie überzeugt und tröstet nicht mehr, und der Entschluß, sie aufzugeben, hat oft ein Gefühl tiefer Erleichterung zur Folge«[14]. Wie der französische Naturwissenschaftler *Laplace* (1741–1827) ist Huxley der Meinung, der moderne Mensch brauche

* Von Dogma = Glaubenssatz.
** Eine unbewiesene Annahme.

11 Russell: Warum ich kein Christ bin, S. 123ff.
12 Russell, ebd. S. 228.
13 Russells Atheismus ist nicht eindeutig. In einer Diskussion mit dem Jesuiten Copleston räumt er sogar ein, so wenig man Gottes Existenz beweisen könne, so wenig könne man aber auch Gottes Nichtexistenz beweisen, ebd. S. 186.
14 J. Huxley: Der Gott des Dr. Robinson, in: Club Voltaire I, Hamburg 1969, S. 42.

die Gotteshypothese nicht mehr, um die Welt zu deuten. Die Gottesvorstellung wird so »zentimeterweise ermordet und stirbt den Tod von tausend Einschränkungen«. Die Zeit wird kommen, wo es »einem gebildeten und intelligenten Menschen so schwer fallen wird, an einen Gott zu glauben, wie daran, daß die Welt flach ist, ... daß Krankheit eine göttliche Strafe sei oder der Tod ... das Geheimnis von Zauberei«. Die »Götter« werden zwar da und dort »überleben« – »unter dem Schutz von besonderen Interessen oder faulen Geistern, als Puppen, die der Politiker benutzt, oder als Fluchtstätte für unglückliche und unwissende Seelen«[15].

»Der Mensch hat sich die Götter geschaffen, um Unerklärliches zu erklären«. Da es aber für den modernen Menschen nichts Unerklärliches mehr gibt und er seine Welt selber erklären kann, ist die Gotteshypothese für ihn überflüssig. Gleichwohl braucht er Religion, braucht er etwas »Göttliches«. Huxley bekennt sich zur »humanistischen* Religion, deren Mittelpunkt die Entwicklung ist«. Diese neue Religion benötigt ein »Göttliches ohne Gott«[16].

C. DISKUSSION

1. Ist Gott ein Hirngespinst oder Wirklichkeit? Kann man Gottes Existenz – oder Nichtexistenz – mit der Vernunft beweisen? Oder entzieht er sich dem Zugriff der Ver-

* Von Humanismus, eine geistige Strömung, die das Ideal edler Menschlichkeit vertritt.

15 Bei H. Fries: Abschied von Gott? Freiburg, Herderbücherei 413, S. 59f.

16 J. Huxley: Der Gott des Dr. Robinson, S. 42f.; *weitere Vertreter* des atheistischen Neurationalismus sind Max Bense, A. Överland, H. Albert und G. Szczesny. (Max Bense: Warum man Atheist sein muß? in: Club Voltaire I 1969 S. 66ff; A. Överland; Drei Artikel des Unglaubens, ebd. S. 45ff.; H. Albert; Traktat über kritische Vernunft 2. Aufl. 1969, S 117; G. Szczesny; Die Zukunft des Unglaubens, 1965.)

nunft? Kann der moderne Mensch, für den alles erklärbar, erreichbar und machbar geworden ist, nicht auf die Hilfskonstruktion »Gott« verzichten, mit der man früher die Welt gedeutet und bewältigt hat?

»Die große Verlegenheit, die Gott der Wissenschaft bereitet, besteht darin, daß er nur ein einziges Mal gesehen worden ist, und das bei Erschaffung der Welt, ehe noch geschulte Beobachter da waren.«[17] Dieser Satz des Schriftstellers *Robert Musil* (1888–1942) gibt die Meinung vieler Menschen von heute wieder, die den Kinderglauben an einen himmlischen Weihnachtsmann verloren haben und auf dem Standpunkt stehen: »Ein Pfund Rindfleisch gibt eine gute Suppe.« Wahr ist nur, was sichtbar, greifbar und beweisbar ist. Gott ist aber weder sichtbar, noch greifbar, noch beweisbar. Also gibt es keinen Gott.

Wir sprachen schon in der »Hinführung« am Anfang dieses Buches von diesem Menschentyp, der mit sich selber fertig wird und ohne Gott auskommt. Wo der vorindustrielle Mensch auf Gottes Vorsehung vertraute, verläßt sich der moderne Mensch auf ein selbstgemachtes Sicherungssystem, mit dem er sich vor Unglück und Not schützt, von der Schutzimpfung bis zur Versicherung, zum Rentenanspruch und zur Zukunftsplanung. Alles ist für ihn erreichbar, machbar und erklärbar geworden. Es gibt für ihn – wie es scheint – nichts Unerklärliches, Rätselhaftes mehr.

Der unverrechenbare Rest

Doch der Schein trügt. Näher besehen, ist das Leben gerade des heutigen Menschen voller Unerklärlichkeiten und Rätsel, die die Vernunft nicht aufzuhellen vermag. Nicht nur, weil sie mit ihren Erfindungen über die Menschheit mehr Unheil als Heil brachte; sondern auch, weil man erkannt hat: Die Welt ist keineswegs ein in sich stimmiger, unendlicher Kosmos, wie die frühere Naturwissenschaft annahm. Sie ist nicht in sich abgeschlossen durch einen durchschaubaren Ursache-Wirkung-Zusammenhang. Dieser »Kausalzusammenhang« ist nicht lückenlos durch Naturgesetze festgelegt, sondern er ist sozusagen durchlöchert. Die Naturwissenschaft stößt auf unüberschreitbare Grenzen der Erkenntnis. Die Welt kann nicht

17 R. Musil: Der Mann ohne Eigenschaften, Sonderausgabe 1970, S. 377.

mehr aus sich selbst gedeutet werden. Die Vorstellung von der Ewigkeit und Unendlichkeit der Welt erscheint mindestens so unvernünftig wie die biblische von ihrer Erschaffung aus dem Nichts und ihrem Ende. Der Physiker *C. F. von Weizsäcker* (geb. 1912) wendet sich sogar ausdrücklich gegen die von der früheren Naturwissenschaft vertretene Vorstellung von der Unendlichkeit der Welt. Er schreibt: »Die Ereignisse müssen einen Anfang in der Zeit gehabt haben« und »ihrer wartet ein Ende im Wärmetod«[18]. Die Welt ist wieder ein Rätsel geworden. Ihr Woher und Wohin liegt im Nebel des Unerklärbaren. Die Naturwissenschaft ist wieder offen geworden für das »Transzendente« (=Jenseitige) oder – wie man lieber sagt – »Außerendliche«. Sie beschäftigt sich mit der bereits entstandenen Welt, aber sie klammert die Frage, *wie* denn nun diese Welt entstanden ist, aus[19].

Aber auch sonst ist das Leben des heutigen Menschen wieder voller Rätsel geworden. Er stößt in seinem Leben immer wieder auf Bezirke, die die Vernunft nicht aufklären kann, auf einen »unverrechenbaren Rest«, das Geheimnis. Er scheint sich nicht mehr mit der Faustregel zufrieden zu geben: Wahr ist, was greifbar ist. Er gibt eher wieder dem Dichter recht, daß es mehr Dinge zwischen Himmel und Erde gibt, als unsere Schulweisheit sich träumen läßt. Man denke nur an die exorzistische Welle. Der heutige Mensch ist wieder offen für das Übersinnliche, Übervernünftige – oder wie die Philosophie sagt – Metaphysische.

Die Unfähigkeit, sich selbst zu helfen

Es ist aber auch nicht nur so, daß der Mensch die Welt nicht mehr *deuten* kann, er wird auch nicht mehr mit ihr *fertig*. Die Zukunftskatastrophen, die die Wissenschaft prophezeit, beweisen das zur Genüge (siehe VII C Fußnote 187). Hinter seiner Selbstsicherheit verbirgt sich eine tiefe Unsicherheit. Die Angst ist ja angeblich das »Grundgefühl« des modernen Menschen[20]. Das breitbeinige Selbstvertrauen des heutigen Menschen täuscht. Die *Unruhe* ist für ihn typisch, nicht die Ruhe.

18 Bei P. Althaus: Die christliche Wahrheit, 7. Aufl. Gütersloh 1966, S. 307.

19 A. Nowak: Über die Realität des Transzendenten, in: Zeitschrift für Theologie und Kirche, Jg. 72/1975, Heft 1, S. 95ff.

20 Th. Bovet: Angst und Geborgenheit, 1956, S. 3.

Er wirkt sicher deswegen so gehetzt und hektisch, weil ihm das Fallbeil der Angst im Nacken sitzt.
Die Gründe, warum er Angst hat, sind vielfältig. Er hat Angst vor Menschen, vor der Krankheit, vor dem Tod, vor der Zukunft. Letztlich aber ist die Wurzel seiner Angst seine unbewältigte Vergangenheit, seine Schuld. Der Mensch kann sich zwar mit dem selbstgeschaffenen Sicherungssystem, das er sich aufgebaut hat, von Unglück und Not befreien, aber er kann sich dadurch nicht von seiner Schuld befreien. Die Schatten der Vergangenheit verfolgen ihn auf Schritt und Tritt.
Braucht der moderne Mensch also doch einen Gott, um seine Welt zu deuten und mit sich selber fertig zu werden? Gibt es also doch *Gottesbeweise?*

- Die Theorie von der Entstehung der Welt aus einer ersten Explosion (»Urknall«) läßt doch weiter fragen, was *vor* der Explosion existierte und die Explosion ausgelöst hat[21].
- Die Theorie von der Entstehung unseres Universums aus Elementarteilchen* beantwortet noch nicht die Frage, *wodurch* diese Elementarteilchen entstanden sind und die Fähigkeit bekamen, durch bestimmte Veränderungsvorgänge die ganze Welt entstehen zu lassen[22].
- Der Mensch hat die Quadrillionen Sterne, die er bisher mit den besten Instrumenten festgestellt hat, nicht geschaffen. Er ist zwar auf dem Mond gelandet, er hat aber den Mond nicht gemacht. Aus nichts wird nichts. Muß es daher nicht eine übermenschliche Kraft geben, die die Sterne geschaffen hat?
- Der Mensch hat weder den Menschen noch die 400000 verschiedenen Pflanzenarten, noch die 1,1 Millionen Tierarten geschaffen, ja er kann nicht einmal die kleinste selbstständige Lebenseinheit, die Zelle schaffen. Muß es daher nicht eine übermenschliche Macht geben, die das alles hat entstehen lassen? Denn aus nichts wird nichts.
- Die These, der moderne Mensch sei offen für das Außerendliche, Übersinnliche, Metaphysische, läßt den Schluß zu, es

* Nicht weiter zerlegbare kleinste Teilchen.

21 A. Nowak: Über die Realität des Transzendenten, a. a. O. S. 95ff.
22 Ders. S. 95ff.

gäbe so etwas Außerendliches, Übersinnliches und Metaphysisches wirklich.
– Wenn der Mensch sich nicht aus eigener Kraft aus dem Schraubstock der Schuld befreien kann, braucht er dann nicht ein übermenschliches Wesen, das die Kraft hat, das zu tun? Braucht er nicht einen letzten Halt, wo er auf schwankendem Boden steht?

So könnte man argumentieren und so argumentieren auch manche Theologen. Eine Neuauflage der alten Gottesbeweise, durch die Gott auf einem Umweg wieder in unsere Welt hereingeschmuggelt werden soll? Oder muß man doch mit dem Physiker *Max Planck* (1858–1947) sagen, daß Gott für den Gläubigen am Anfang, für den Wissenschaftler am Ende des Denkens stünde?

Hinweise, nicht Beweise

Die Theologie ist sich heute weiterhin darin einig: Es gibt keine Gottesbeweise. Die soeben aufgezählten Argumente für Gott haben nicht den Rang von Gottes*be*weisen, die Gott zwingend nachweisen wollen, sondern allenfalls von Gottes*hin*weisen. Warum gibt es keine zwingenden Gottesbeweise, die Gott nachweisen, ähnlich wie man nachweisen kann, daß $2 \times 2 = 4$ ist? Weil es – wie *M. Luther* – sagt, »ein freies Werk ist um den Glauben, zu dem man niemanden zwingen kann«[23]. Nach Luther ist die Vernunft zudem »viel zu gering, als daß sie Gottes Majestät begreifen könnte«[24]. Das gilt nicht nur von den Beweisen, die Gottes Existenz, sondern auch von denen, die seine Nichtexistenz zwingend nachweisen wollen. Gott ist weder etwas Vernunftnotwendiges, noch etwas Unvernünftiges, sondern etwas *Über*vernünftiges. Gott ist keine Angelegenheit des Großhirns, sondern Glaubenssache. Er ist dem Zugriff der Vernunft entzogen. Der Rationalismus* sowohl im christlichen als auch im atheistischen Gewande übersieht das, wenn er Gott *an*beweisen oder *weg*beweisen will.

Gott hört auf Gott zu sein, wenn er von der kaltberechnenden Vernunft erforscht und bewiesen wird wie sonst irgend etwas in der Welt. Gottesbeweise sind eine Verweltlichung Gottes,

* Eine Geisteshaltung, die in der Vernunft die einzige Norm erblickt.

23 M. Luther, WA 11, S. 264.
24 M. Luther, WA 25, S. 237.

sie machen Gott zu einem Stück Welt. Schon die klassischen Gottesbeweise (B) tun so, als wäre Gott bloß eine erste *Ursache* und somit eine *Sache*, eine Art Weltmotor, der in die Weltmaschine als ihr Bestandteil hineinverzahnt ist. Das freie Gegenüber Gottes zur Welt, das das Wesen Gottes ausmacht, entfiele dann. Gott ist *der ganz Andere*, ein *Geheimnis*, das dem rechnenden Kalkül der Vernunft entzogen ist. Der Mensch kann ihn nicht *be*greifen, ohne vorher von ihm *er*griffen worden zu sein. Dem Griff ohne Ergriffenheit entzieht er sich, ganz gleich, ob das Kalkül der Vernunft ihn *beweisen* – oder *wegbeweisen* will. »Ein bewiesener Gott ist kein Gott«, sagt der Philosoph *K. Jaspers* (1883–1969) mit Recht. Gott ist außerhalb des Griffbereiches der Vernunft, die ihn wissenschaftlich beweisen will. Dasselbe, was für eine rationalistische Theologie gilt, gilt – wie schon gesagt – für den rationalistischen Atheismus, der Gott im Namen der Vernunft verneint und seine Nichtexistenz beweisen will. Gott ist für die Vernunft und Wissenschaft *un*greifbar und daher für sie auch *unan*greifbar. Daß er außerhalb des Griffbereiches der Vernunft ist, sagt Paulus überdeutlich im 1. Korintherbrief, wo er meint, Gott habe »die Weisheit der Welt zur Torheit gemacht« (1, 20).

Kennt der moderne Mensch Gott, ohne es zu wissen?

Die Bibel kennt keine Gottes*be*weise, die jedermann zwingend einleuchtend gemacht werden könnten, aber sie spricht von Gottes*hin*weisen, die jeder in der Welt wahrnehmen kann, ganz unabhängig von seiner Religionszugehörigkeit (Römer 1,19–21 und 2,14–15). Diese *allgemeine Gotteserkenntnis*, unter der nach Paulus jeder Mensch – nicht nur der Christ – steht, ist freilich höchst unklar und zweideutig. Gott dämmert in ihr nur unklar auf, er tritt nicht ins helle Bewußtsein. Er wird nur indirekt, in seinen »Werken«, nicht direkt erkannt (Römer 1,20).

Es ist sehr die Frage, ob der moderne Mensch nicht auch unter dieser allgemeinen, unbewußten Gotteserkenntnis steht. Er weiß nichts von Gott und will nichts von ihm wissen. Aber ohne es zu wollen und zu wissen, sucht er Gott, wenn er sich nach einem Befreier von Schuld, nach einem letzten Halt sehnt, wenn er nach einem ersten Anstoß der Weltentwicklung, nach einer überweltlichen und übermenschlichen Macht fragt, die alles umgreift, oder wenn er auf den unverrechenbaren Rest seines Lebens stößt. Er hat Gott aus dem

Auge verloren, aber er kennt ihn – wie es scheint – unter anderem Namen – sozusagen anonym[25].
Das alles dürfte nicht nur für den praktischen Atheismus des heutigen Menschen (siehe »Hinführung« am Anfang), sondern auch für den theoretischen Atheismus, wie wir ihn im Teil B skizziert haben, gelten. Nach *Paul Tillich** ist Gott »der Name für das, was den Menschen unbedingt angeht«[26]. D. h. Gott ist das, was dem Menschen den Atem versetzt, was ihn mit letztem Ernst fordert, eben das Unbedingte, Ausschließliche, Letztgültige, Absolute. Auch der rationalistische Atheismus, wie wir ihn im Teil B kennengelernt haben, vertritt so etwas Unbedingtes, Letztgültiges, Ausschließliches und Absolutes: die *Natur*, das *Gewissen* und die *Entwicklung*. Er scheint unter anderem Namen dasselbe zu kennen, was der Religiöse Gott nennt. Er verneint Gott, bejaht ihn aber unter anderem Namen. Der Name spielt keine Rolle. Es ist unwichtig, wie man das *Unbedingte* benennt, ob mit den Begriffen Gott, Gewissen oder Natur: Hauptsache, man bejaht es.
Aber könnte das, was der Atheist für unbedingt hält, nicht ein Götze, die Verabsolutierung menschlicher Süchte und Sehnsüchte sein? Sicher. Aber ebenso könnte das, was der Religiöse mit »Gott« bezeichnet, nur ein Götze und eine Verabsolutierung seiner Süchte und Sehnsüchte sein. Der *Begriff »Gott«* garantiert noch lange nicht *Gott*. »Sie sagen Gott und meinen Kattun**«, hieß es einmal von den Christen.

Vereinnahmung?

Der Atheist – sagten wir – kennt Gott unter anderem Namen. Ist das nicht eine unfaire Vereinnahmung? Eine Art Zwangstaufe? Ein Priestertrick? Der katholische Theologe *Ernesto Cardenal* meint, die Atheisten hätten recht, wenn sie Gott verneinen, weil der Gott der Christen, den sie bekämpfen, gar nicht der wahre Gott ist, sondern ein vermenschlichter Gott,

* Ev. Theologe (1886–1965).
** Baumwollstoff.

25 Zum näheren Nachweis dieser anonymen Gottesbeziehung des modernen Menschen vgl. H. G. Pöhlmann; Abriß der Dogmatik, 2. Aufl. 1975, S. 88–91, 296–300.

26 P. Tillich: Syst. Theol. I, Stuttgart, S. 247. Zum Nachweis, daß Gott auch in der Bibel das Unbedingte ist, siehe H. G. Pöhlmann: Der Atheismus, eine Selbsttäuschung? in: Kerygma und Dogma. H. 1/1975, S. 38ff.

ein kirchliches »Kindermärchen«, ein Götze. »Wenn sie aber fühlen, daß es irgend etwas ... Geheimnisvolles gibt«, »das Gott zu nennen sie sich aber weigern ... , dann bestätigen sie« ungewollt »die Existenz Gottes«. »Der Gott der Atheisten« sei der »unbekannte Gott«, »von dem Paulus zu den Athenern sagte, er sei der wahre Gott und sie hätten ihn angebetet, ohne es zu wissen« (Apostelgeschichte 17,23)[27]. Es geht hier also gerade nicht um eine Vereinnahmung des Atheismus durch das Christentum. Der *Begriff* Gott spielt – wie gesagt – keine Rolle, sondern das, was mit ihm gesagt wird: das *Unbedingte*. Und zu ihm wollen sich beide, Atheismus und Christentum, doch *von sich aus* bekennen.

Atheisten und Christen unterscheiden sich dadurch von der Masse der Gleichgültigen, daß sie beide vom Unbedingten ergriffen sind, daß sie beide etwas haben, das sie unbedingt angeht, daß beide sich mit letzter Hingabe und Leidenschaft für etwas, was sie auf Leben und Tod verpflichtet, einsetzen. Daß beide Entschiedene sind, Menschen, die mit letztem Ernst für etwas kämpfen und sich nicht oberflächlich treiben lassen, schließt sie irgendwie zu einer Front zusammen. Es geht hier nicht um Vereinnahmung, sondern um Verständigung.

2. Ist die Kirche Verdummungsanstalt, Zwangsanstalt oder Heilsanstalt? Sind Glaube und Wissenschaft unvereinbar? Stranguliert das Christentum die Geistesfreiheit oder macht es den Menschen frei? Ist Gott ein überhöhter orientalischer Despot oder die Vernunft in Person?

Der Strafgefangene »Moosbrugger glaubte nicht an Gott, sondern an seine ... Vernunft. Die ewigen Wahrheiten hießen bei ihm verächtlich: der Richter, der Pfaffe, der Gendarm«[28]. Der »Himmel« erscheint ihm wie »eine blau überzogene Mausefalle«[29], Gott wie ein überirdischer Polizeipräsident. *Robert*

27 Ernesto Cardenal: Das Buch von der Liebe, GTB Siebenstern 168, S. 41.

28 R. Musil: Der Mann ohne Eigenschaften, Sonderausgabe 1970, S. 394.

29 Ebd. S. 398.

Musil beschreibt mit diesem Strafgefangenen den modernen Menschen, der die vergoldeten Gitterstäbe des Christentums zerbrochen hat.

Gesetzesreligion oder Gnadenreligion?

Ist die Religion ein Gefängnis der Vernunft? Ist die Kirche ein Polizeibüttel Gottes, der die Menschen immer wieder mit der Eisenstange von Vorschriften zusammenschlägt? Ist das Christentum eine Gesetzesreligion, die Bibel eine Paragraphensammlung, der Glaube ein Sack voll Katechismuswahrheiten, den der Mensch pflichtschuldig verdrossen hinter sich her schleppt?

Um es gleich zu sagen: Glaube ist im Neuen Testament kein Fürwahrhalten von Glaubensgegenständen, sondern ein *Vertrauen.* Nicht feige Furcht kennzeichnet den Glauben, sondern der Mut, nicht die Gesetzlichkeit, sondern die Freude. Warum? Weil er nicht an Sachen, sondern an eine Person glaubt, an Jesus Christus. Jesus aber hat die Menschen vom Joch des Gesetzes befreit (Markus 2,23–28; 7,1–15). Er setzte die 613 jüdischen Gebote außer kraft und ließ im Grunde nur ein einziges Gebot gelten, das Gebot der Liebe. (Matthäus 22, 40). Liebe aber kommt aus einem inneren Drang, nicht aus einem äußeren Zwang. Liebe kann man nicht befehlen – weder die zwischen Mann und Frau noch die zwischen Mensch und Mensch. Sie ist kein Gesetz. Das Christentum ist eine Liebesreligion, keine Gesetzesreligion. Christus war, wie Paulus schreibt, »das Ende des Gesetzes« (Römer 10,4). Der Mensch wird nach Paulus aus Gnaden, nicht durch »Gesetzeswerke« »gerecht« (Römer 3,28). Das Christentum ist keine Angst- und Gesetzesreligion mit Lohn und Strafe (Diderot), sondern eine Gnadenreligion. Der Mensch braucht keine Angst mehr zu haben um sein Heil, weil es nicht von seinen eigenen Leistungen abhängt, sondern von Gott allein. Der Stützpunkt seines Lebens ist aus ihm hinausverlegt in Gott hinein. Das macht ihn furchtlos und getrost. Der Glaube ist reines Geschenk. Das wirft ein ganz neues Licht auf die Beziehung von Glaube und Vernunft.

Der Glaube ist nicht unvernünftig

Der Glaube ist nach christlichem Verständnis nichts Widervernünftiges. Der Glaube an Gott *kann* gar nicht der Vernunft widersprechen, da die Vernunft von Gott *geschaffen* wurde. Der ev. Theologe *G. Ebeling* schreibt: »Der Glaube legt sich nicht Scheuklappen an.« Er ist nichts Unvernünftiges, im Gegenteil, er *»fordert* geradezu einen redlichen und gewissenhaften Gebrauch der Vernunft und offene Augen für die Wirklichkeit. Er ist der schärfste Feind von Aberglaube und Illusion«. Man würde aus dem Glauben eine keuchende »Leistung« machen und er würde zum »Gesetz« entarten, wäre er ein Fürwahrhalten des Unvernünftigen und Absurden, wäre er ein »Glaube des Unglaubwürdigen«[30]. Der Glaube macht nicht blind, sondern er macht sehend*. Nach biblischem Verständnis *behindert* der Glaube nicht die Vernunft, sondern er *setzt* die Vernunft *frei*: »Die Furcht des Herrn ist der Anfang der Erkenntnis« (Sprüche 1,7)[31]. Die Zusammenhänge der Welt kann man nur begreifen, wenn man den Grund der Welt kennt, der alles zusammenhält: Gott. Nur wenn man die Welt von ihrem Grunde her sieht und ihr – sozusagen – auf den Grund geht, versteht man, wie sie zusammenhängt.

Glaube und Wissenschaft schließen sich von daher nicht aus, sondern ein. Der Glaube macht den Menschen nicht unkritisch, sondern gerade kritisch. Da der Christ »Christus gehört«, gehört er nicht mehr der Welt, sondern die »Welt gehört« ihm (1. Korinther 3,21–23). Er steht ihr also in einer kritischen Distanz gegenüber (1. Korinther 7,29–31). Das Christentum ist kein Naturschutzpark für Harmlose. Der Glaube befreit von Leichtgläubigkeit und Naivität. Er schenkt den nötigen Abstand zur Welt, von dem aus man sie nur beherrschen kann (1. Mose 1,28). Wenn Wissenschaft Weltbewältigung ist, führt der Glaube zur Wissenschaft.

Der Glaube ist übervernünftig

Der Glaube ist nicht etwas *Un*vernünftiges, aber er ist etwas *Über*vernünftiges. Er übersteigt die Vernunft. Er ist ein Wagnis und basiert nicht auf Beweisen (siehe oben 1). Man kann ihn nicht nur durch die schmale Verstandesritze erfassen. Er ist, wie der Theologe *F. Schleiermacher* meint, eine Provinz des Gefühls, die vom Verstand nicht verrechnet werden kann.

Der Rückfall in die Angst- und Gesetzesreligion

Obschon Gott die Vernunft des Menschen befreit hat, ihm zu dienen (Römer 12,1) und die Welt zu beherrschen, obschon in

* Sosehr das Sehen nicht den Glauben macht (Johannes 20,29).

30 G. Ebeling: Das Wesen des christlichen Glaubens, 1961, S. 91, 52f.

31 Vgl. G. von Rad: Weisheit in Israel, 1970, S. 95.

seinem Sohn die personifizierte Vernunft in die Welt kam (Johannes 1,1 ff.)*, um Licht zu bringen in ihre Finsternis, geriet die Vernunft bald wieder in die babylonische Gefangenschaft des Gesetzes. Die Freiheitsreligion fiel sehr bald zurück in eine Gesetzesreligion. Trotz mancher demagogischer Vereinfachungen trifft das Urteil des Atheismus ins Schwarze, daß die Geistesfreiheit durch die christliche Religion geknebelt wurde. Die Kirche, ursprünglich gedacht als Gemeinschaft befreiter Befreier, wurde mehr und mehr zu einem Angstapparat und zu einer Zwangsanstalt[32]. Man schreckte nicht einmal vor der Tötung Andersdenkender zurück. Der Spanier Priszillian, der die Dreieinigkeit Gottes und die Auferstehung leugnete, war der erste Christ, der durch andere Christen wegen einer abweichenden religiösen Meinung getötet wurde. Im Jahre 385 nach Christus wurde er in Trier hingerichtet. Im Jahre 415 wurde die heidnische Philosophin Hypathia in Alexandria vom christlichen Pöbel unter Anführung eines Klerikers in Stücke gerissen. In dem angeblich so frommen Mittelalter nahm die Ausrottung religiös Andersdenkender monströse Züge an. Unzählige wurden durch die Inquisition, die Gestapo der mittelalterlichen Kirche, bei lebendigem Leibe verbrannt, nachdem man vorher durch die Folter die erwünschten Geständnisse erzwungen hatte. Man schätzt die Zahl derer, die von 385 bis 1918 christlichen Mordaktionen zum Opfer gefallen sind, auf nahezu 1½ Millionen, nicht gerechnet die Opfer der christlichen Kreuzzüge und Religionskriege[33]. Eine Zahl, über der man nicht mehr froh werden möchte und die bei jedem Christen sprachloses Entsetzen auslösen muß. Kein Wunder, daß viele an der Kirche irre wurden. Als dem sterbenden Philosophen *Giordano Bruno*, der 1600 in Rom von der Inquisition verbrannt wurde, auf dem Scheiterhaufen ein Kruzifix vor Augen gehalten wurde, wandte er sich mit einer Gebärde unendlicher Verachtung davon

* Das »Wort« in Johannes 1,1 (griechisch »Logos«) bezeichnet in der damaligen griechischen Philosophie die Vernunft. Vermutlich ist mit dem Wort, das Fleisch wird (Johannes 1,1–14), auch die spätjüdische Weisheit gemeint, die vom Himmel auf die Erde kam, also die göttliche Vernunft.

32 Näheres zu Wesen und Aufgabe der Kirche siehe H. G. Pöhlmann, Abriß der Dogmatik, 2. Aufl. 1975, S. 254 ff.

33 E. Stauffer, in: Monat, Heft 255/1969, S. 36.

ab. Wie wenn er sagen wollte: eine Religion, die Andersdenkende auf solch grauenhafte Weise umbringt, und das alles im Namen des Gekreuzigten, ist bestimmt unwahr. Wie hätte er anders handeln sollen?

Die Verkehrung der Vernunft

Der Rationalismus hat allem Anschein nach recht: Die Welt wurde nicht besser durch das Christentum. Aber – so fragen viele zurück – *wurde die Welt besser durch die Aufklärung*? Das Christentum hat die Welt nicht besser gemacht, aber wurde sie besser durch die Vernunft? Obwohl man von der Vernunft und von der Wissenschaft das Heil der Welt erwartet hat, waren sie für sie bekanntlich eher von unheilvoller Wirkung. Die Erfindungen der Vernunft und Technik brachten namenloses Leid über die Menschheit. Man denke nur an die Massenvernichtungskriege 1914–1918 und 1939–1945, an die Atombomben über Hiroshima und Nagasaki, an die Greuel des Vietnamkrieges oder an die Zukunftserwartungen der Menschheit (Bevölkerungsexplosion, Umweltzerstörung, Ausbeutung der Rohstoffreserven, Menschenzüchtung). Die Vernunft schuf sich in der Technik ein mechanisches Gefüge toten Zwangs, das den Menschen unfrei macht – von der Bürokratie, die den Menschen zur Lochkartennummer herabwürdigt bis hin zur industriellen Fließband- und Serienarbeit. Der Dichter Peter Rühmkorf hat nicht ganz Unrecht, wenn er vom modernen Menschen sagt, er sei »in den Baum der Erkenntnis geknüpft« (vgl. 1. Mose 2,17).

Daß die Vernunft den Menschen nicht unbedingt frei macht, zeigt bereits die Geschichte der Französischen Revolution, die die Menschen erklärtermaßen zur Vernunft bringen und dadurch mündig machen wollte. Im Namen der Vernunft wurden Unzählige auf dem Schaffott hingerichtet, weil sie angeblich keine freiheitliche Gesinnung hatten. In Paris waren es einmal allein in 6 Wochen 1285, die deswegen unters Fallbeil kamen. Zeitweise kontrollierten 21000 Überwachungsausschüsse im ganzen Land die »republikanische Einstellung« der Menschen[34].

War es nicht auch die Vernunft, in deren Namen Millionen und Abermillionen in den Straflagern totalitärer Systeme umkamen?

Nicht nur die Religion, auch die von ihr »befreite« Vernunft hat

34 F. Sieburg: Robespierre, 1935, S. 122ff.

Angst- und Unterdrückungsapparate geschaffen, so sehr beide von ihrem Wesen her den Menschen frei machen wollten. Es wird Zeit, daß beide aufhören, sich gegenseitig ihre Inkonsequenzen vorzuwerfen, und daß sie gemeinsam die Zukunft bewältigen.

D. KONKRETION

Die Albingenser waren mittelalterliche Christen, die in entscheidenden Punkten von der offiziellen Lehre der Kirche abwichen. Im Jahre 1209 ruft Papst Innozenz III. zum Kreuzzug gegen sie auf. Das Kreuzheer belagert die Ketzer in Béziers nordöstlich von Narbonne. Es bietet den »rechtgläubigen« Christen der Stadt freien Abzug an. Sie antworten: Wir trennen uns nicht von unseren Mitbürgern und Landsleuten in der Stunde der Not. Das Kreuzheer stürmt die Stadt. Das fromme Morden beginnt. Die Bevölkerung flüchtet sich in die Kirche, um dort Asyl zu suchen. Der päpstliche Legat, Abt Arnold von Citeaux, befiehlt: Schlagt alles tot! Die Soldaten zögern: Sollen wir Ketzer und Rechtgläubige umbringen, ohne Unterschied? Der Legat treibt sie vorwärts mit einem Bibelwort: Schlagt zu, es kennt der Herr die Seinen. Er berichtet an den Papst: »Unsere Leute haben niemanden geschont und etwa 20000 Menschen mit dem Schwert umgebracht, ohne Rücksicht auf Alter und Geschlecht, haben die Stadt ausgeplündert und angezündet. So wunderbarlich hat die göttliche Rache gegen die Stadt gewütet.« Innozenz III. hat Arnold von Citeaux bei nächster Gelegenheit zum Erzbischof von Narbonne befördert[35].

Fragen zum weiteren Nachdenken:

1. Müßten nicht die entsetzlichen Grausamkeiten, die im Namen Gottes, aber auch im Namen der »Göttin Vernunft« verübt wurden, Christen wie Nichtchristen dazu provozieren, endlich Vernunft anzunehmen und die Welt menschenwürdiger zu gestalten? Wo könnte das in unserem Alltag geschehen?
2. «Vernunft« kommt von »Vernehmen«. Vernunft hat der, der

35 E. Stauffer, in: Monat, H. 255/1969, S. 36ff.

fähig ist, den anderen anzuhören und von ihm zu lernen, der tolerant ist, der seinen Mitmenschen in seinem Anderssein gelten läßt. Vernunft hat der, der einen Menschen auch achtet, wenn er anders denkt und anders ist.

Ehe Atheisten und Christen die Welt zur Vernunft und Toleranz rufen, müßten sie nicht erst einmal gegeneinander Vernunft und Toleranz üben? Bekanntlich trennt beide noch immer eine Mauer von Vorurteilen. Sie drücken sich schon in Schimpf- und Reizworten aus: »ein Roter«, »ein Schwarzer«, »Kommunist«, »Kirchenspringer«, »Betbruder«, »Betschwester«, »der glaubt nichts« etc. Diese Vorurteile kommen zum Ausdruck in der ungebremsten Lust, vom Gegner Karikaturen und Pappkameraden zu verfertigen, die man hinterher leicht abschießen kann, vor allem aber in einer trägen Selbstsicherheit, mit der man sich immer wieder in die sturmsicheren Festungen gedankenlos heruntergeplapperter Dogmen und Antidogmen verschanzt. Der Mut, zu denken, müßte an die Stelle dieser falschen Sicherheit treten.

Wo in unserem Leben veranstalten wir immer noch Kreuzzüge, indem wir Andersdenkende ausschalten, statt mit ihnen zu diskutieren? Wo agitieren wir, statt zu argumentieren?

3. Von wem könnten Christen und Atheisten besser lernen, was mit Vernunft und Toleranz gemeint ist, als von Jesus, dem Mensch ohne Vorurteil? Man denke an sein Plädoyer für die gesellschaftlich Verfemten seiner Zeit, an seine Liebe, die so grenzenlos ist, daß sie nicht einmal am Feind eine Grenze findet (Matthäus 5,44)! Er hat keinen Stein auf andere geworfen (Johannes 8,1–11), sondern den Stein selber gesteinigt! Das ist freilich eine Toleranz, die alles hinter sich läßt, was man sonst so nennt, weil sie nicht nur den anderen in seinem Anderssein *gelten* läßt, sondern ihn *liebend bejaht.* Lieben wir grenzenlos?
4. Ist das Christentum wirklich noch eine Freiheitsreligion oder wird es nicht vielmehr immer wieder in eine Angst- und Gesetzesreligion verkehrt? Sind sich die Christen dessen bewußt, daß sich die atheistische Kritik am Christentum weniger gegen Gott als gegen sein »Bodenpersonal« richtet?
5. Zeigen nicht die Menschheitsrevolutionen, daß die Vernunft des Menschen die Ziele, die sie sich gesteckt hat, nie

erreicht hat und daß am Eingang zum Paradies immer das Schaffott stand? So oft die Vernunft ihre Grenzen überschritt, um aus eigener Kraft das *letzte* Glück zu verwirklichen, hat sie – wie es scheint – dem Menschen immer Unglück gebracht, so oft sie dem Leben des Menschen einen *letzten* Sinn geben wollte, schlug sie um in Unsinn. Das *letzte Glück*, das die Vernunft des Menschen erreichen will, aber nie erreicht, ist offenbar ein *Geschenk*. Der Glaube nennt dieses »runde Glück«, diesen »Frieden, der höher ist als alle Vernunft«, Gott (Philipper 4,7). Andere nennen es anders. Erhoffen wir es noch? Oder haben wir die Hoffnung aufgegeben und geben uns der Wehmut und Tragik des ungestillten Verlangens hin?

Denken macht frei

Die Denkblase verwandelt sich allmählich in ein Gefängnis. Wer befreit den Denker, der vergeblich an die Schallmauer seiner Denkblase pocht?

H. M.

Abschnitt II

DIE ABLEHNUNG GOTTES IM NAMEN DER NATUR

Der naturalistische Atheismus

L. Feuerbach – J. P. Jacobsen – E. Haeckel

A. EINSTIEG

Ich glaub' nicht an den Himmel,
Wovon das Pfäfflein spricht;
Ich glaub' nur an dein Auge.
Das ist mein Himmelslicht.

Ich glaub' nicht an den Herrgott,
Wovon das Pfäfflein spricht:
Ich glaub' nur an dein Herze,
'Nen andern Gott hab' ich nicht.

Den Leib möcht' ich noch haben,
Den Leib, so zart und jung;
Die Seele könnt ihr begraben,
Hab' selber Seele genug.

Ich will meine Seele zerschneiden,
Und hauchen die Hälfte dir ein.
Und will dich umschlingen, wir müssen
Ganz Leib und Seele sein.

Ich kann es nicht vergessen,
Geliebtes, holdes Weib.
Daß ich dich einst besessen,
Die Seele und den Leib.

Diese Verse aus *Heinrich Heines* (1797–1856) »Lyrischem Intermezzo«* beleuchten schlaglichtartig, was mit *naturalistischem* Atheismus gemeint ist. Der naturalistische Atheismus geht von der *Natur* als dem einzigen Richtwert aus. Die *Übernatur* ist eine *Illusion*.
In vielem nimmt Heine Feuerbach vorweg, wie etwa in seiner Hochschätzung der Natur und Sinnlichkeit und in seiner Aufwertung des Leibes.

* 1816–1824.

Als Vertreter des naturalistischen Atheismus soll hier vor allem der Philosoph* Ludwig Feuerbach besprochen werden. Außer Feuerbach werden noch kurz der Dichter J. P. Jacobsen und der Naturwissenschaftler Ernst Haeckel behandelt.

B. INFORMATION

1. Ludwig Feuerbach: Gott als Wunschprojektion des Menschen

Ludwig Feuerbach (1804–1872) ist der eigentliche Vater des neuzeitlichen Atheismus. Er zählt mit Karl Marx, den er nachhaltig beeinflußt hat, zu den sogenannten Junghegelianern – Schülern des Philosophen Hegels, die dessen Idealismus** mit aller Schärfe bekämpften. Eine Professur wurde ihm wegen seiner Anschauungen verweigert. Persönliche Anfeindungen und die Konfiszierung eines Buches verleideten ihm zudem die akademische Lehrtätigkeit. Er lebte unter widrigen Verhältnissen als Privatgelehrter in Bruckberg bei Ansbach und später in Nürnberg. Wir skizzieren hier vor allem Gedanken seines Buches »Das Wesen der Religion« (1851), in dem er mit plakativer Eindringlichkeit die Jenseitsdressur des christlichen Glaubens anprangert.

Die Natur als Ersatzgott

Feuerbach bekennt sich zum Materialismus (»Der Mensch ist, was er ißt«). Im Unterschied zum Idealismus, der in der geistigen Welt (= Idee) die wahre Wirklichkeit erblickt, kommt nach dem Materialismus umgekehrt nur der körperlich-materiellen Welt Realität zu. Die geistige Welt ist für ihn nur ein Reflex*** der materiellen Welt, keine Welt für sich. Für den Materialismus orientiert sich die Idee nach der Wirklichkeit, während

* Von Philosophie = wörtlich Weisheitsliebe. Sie ist das Streben nach Erkenntnis der letzten Zusammenhänge der Wirklichkeit.

** Anschauung, die in der Idee (= geistigen Welt) die wahre Wirklichkeit sieht.

*** Widerschein.

der Idealismus meint, die Wirklichkeit habe sich nach der Idee zu orientieren. Im Materialismus richtet sich sozusagen die Fahne nach dem Wind, im Idealismus muß sich der Wind nach der Fahne richten. Feuerbach verwechselt konsequent das Christentum mit dem Idealismus und hält es für eine Jenseitsreligion. Er meint demgegenüber in Anspielung an ein Bibelwort: »Wir verlangen, daß endlich das Wort Fleisch, der Geist Materie werde.«[36] Der Materialismus ist Atheismus. Wenn alle Wirklichkeit materiell ist und wenn Gott Geist ist, gibt es keinen Gott, da es keine geistige Welt gibt. Wenn alle Wirklichkeit materiell ist, Gott aber immateriell ist, existiert Gott nicht. Es gibt nur das, was durch die Natur erklärbar ist. Es gibt nur das Natürliche, nichts Übernatürliches. Feuerbach nennt seinen Materialismus daher auch »Naturalismus.«[37] Die Natur rückt für ihn an die Stelle Gottes. Nicht Gott, die »Natur« ist der »Grund der menschlichen Dinge«[38]. Feuerbach bezeichnet die Natur als »unsere Mutter«[39]. Der Mensch ist von Natur Atheist, denn er findet sich in der Natur vor und fühlt sich an sie allein gebunden. Die Bindung an einen übernatürlichen Gott wird ihm erst durch die Erziehung andressiert[40]. Das Christentum »ignoriert die Natur« und stellt »einen naturlosen Gott an die Spitze«, der den Menschen aus seiner bergenden Natur herausreißt[41].

Gott als Ebenbild des Menschen

In Wirklichkeit ist Gott ein an den Himmel projiziertes Spiegelbild der menschlichen Natur. Was man Gott nennt, ist eigentlich nur das verlängerte Ideal-Ich des Menschen, eine Art Idealmensch, der er sein will, aber nicht ist. »In dem Gegenstand der Religion, den wir Gott nennen, spricht sich nichts anderes aus als das Wesen des Menschen, der Gott des Menschen ist nichts anderes als das vergötterte Wesen des Menschen ... » Wesenseigenschaften, die der Mensch haben sollte, aber nicht hat, legt er seinem Idealbild bei. Gott ist ein überhöhter Mensch. Die »Theologie« (=Lehre von Gott) ist

36 Feuerbach: Das Wesen der Religion, 1851, (hg. von Floerke, 1913), S. 1.
37 Feuerbach, a. a. O. S. 163, 173.
38 Feuerbach, a. a. O. S. 4; sie ist viel ausschließlicher Richtwert als in der Aufklärung (siehe oben Abschnitt I).
39 Feuerbach, a. a. O. S. 40.
40 Feuerbach, a. a. O. S. 163f.
41 Feuerbach, a. a. O. S. 20, 38.

eigentlich als »Anthropologie« (=Lehre vom Menschen) zu verstehen[42]. Religion ist so für Feuerbach eine Illusion, sie gibt »ihre eingebildeten Wesen für wirkliche Wesen« aus[43], »sie gibt den Schein der Wirklichkeit für Wirklichkeit aus: sie macht aus dem Bild ein lebendiges Wesen« und »betrügt« so den Menschen[44]. »Nicht Gott schuf den Menschen nach seinem Bilde« (1. Mose 1,27) – »sondern der Mensch schuf Gott nach seinen Bilde«. »Jeder Gott ist ein Wesen der Einbildung« und ein Abbild des jeweiligen Menschen. »Der düstere, furchtsame, schreckhafte Mensch bildet sich schreckliche ... Götter«, »der lebensfrohe, heitere Mensch heitere, freundliche Götter. So verschieden die Menschen, so verschieden ihre Götter«.[45] Gott ist eine Wunschprojektion des Menschen. »Was er selbst nicht ist, aber zu sein wünscht, das stellt er sich in seinen Göttern als seiend vor; die Götter sind die in wirkliche Wesen verwandelten Wünsche des Menschen; ein Gott ist der in der Phantasie befriedigte Glückseligkeitstrieb des Menschen. Hätte der Mensch keine Wünsche, so hätte er keine Götter.«[46]

Aus Christen Menschen machen

»Gott ist der Verwirklicher der menschlichen Wünsche der Glückseligkeit, Vollkommenheit« und »Unsterblichkeit«. Wenn das so ist, »reißt« man dem Menschen dann »nicht das Herz aus dem Leib«, wenn man ihm Gott wegnimmt? Nein. Denn diese Wünsche des Menschen, die Gott verwirklichen soll, weil er sie selber nicht verwirklichen kann, sind nicht seine »wahren Wünsche«, sondern eben nur »eingebildete«. Seine Sehnsucht nach einem vollkommeneren »Jenseits« wäre nur gerechtfertigt, wenn es »keine Vervollkommnung, keine Verbesserung des Menschengeschlechts auf Erden«, keinen Fortschritt gäbe und »die Menschheit immer auf demselben Fleck stehenbliebe«[47]. Dem ist aber nicht so. »Das Christentum hat sich die Erfüllung der unerfüllbaren Wünsche des Menschen zum Ziel gesetzt, aber eben deswegen die erreichbaren Wünsche des Menschen außer acht gelassen; es hat

42 Feuerbach, a. a. O. S. 17f.
43 Feuerbach, a. a. O. S. 198.
44 Feuerbach, a. a. O. S. 200.
45 Feuerbach, a. a. O. S. 205.
46 Feuerbach, a. a. O. S. 217f.
47 Feuerbach, a. a. O. S. 303ff., 307.

den Menschen durch die Verheißung des ewigen Lebens um das zeitliche Leben, durch das Vertrauen auf Gottes Hilfe um das Vertrauen zu seinen eigenen Kräften, durch den Glauben an ein besseres Leben im Himmel um den Glauben an ein besseres Leben auf Erden gebracht.«[48]

Feuerbach gibt nun dem Menschen die göttlichen Eigenschaften, die er an ein Phantom abgegeben hat, wieder zurück, während die Religion »dem Menschen alles nimmt ..., nur um damit seinen Gott auszuschmücken«. »Der Theismus (=Gottesglaube) opfert daher das wirkliche Leben und Wesen der Dinge und Menschen einem bloßen Gedanken- und Phantasiewesen auf. Der Atheismus dagegen opfert das Gedanken- und Phantasiewesen dem wirklichen Leben und Wesen auf.« »Der Theismus ist neidisch auf den Menschen und die Welt; er gönnt ihnen nichts Gutes.« »Der Atheismus aber ist liberal, freigebig, freisinnig«. »Die Verneinung des Jenseits hat die Bejahung des Diesseits zur Folge.«[49] Wir dürfen nicht mehr an ein »besseres Leben glauben«, sondern wir müssen es »schaffen«. »An die Stelle der Gottesliebe« muß die »Menschenliebe« treten, »an die Stelle des Gottesglaubens« der »Glaube des Menschen an sich«. Feuerbach will »aus Gottesfreunden«, »Menschenfreunde«, aus »Gläubigen« »Denker«, aus »Betern« »Arbeiter«, aus »Kandidaten des Jenseits« »Studenten des Diesseits«, aus »Christen« »Menschen« machen[50]. Der Traum vom Idealmenschen wird von ihm auf die Erde herabgerissen.

Das »höchste und erste Gebot« des Atheismus ist »die Liebe des Menschen zum Menschen«[51], während die Religion auf dem »Egoismus« basiert, der Gott etwas gibt, nur um von ihm etwas zu bekommen. Weitere Götterfabrikanten neben dem Egoismus sind die »Furcht«, die »Freude«, vor allem aber der Tod. »Wenn der Mensch nicht stürbe, wenn er ewig lebte, wenn also kein Tod wäre, so wäre auch keine Religion«. Das »Grab des Menschen ist die Geburtsstätte der Götter.«[52]

Aber durch die Religion schwindelt man sich über den Tod

48 Feuerbach, a. a. O. S. 308.
49 Feuerbach, a. a. O. S. 310ff.
50 Feuerbach, a. a. O. S. 312f.
51 Feuerbach: Das Wesen des Christentums, 2. Aufl. 1849 (Reclams Universal-Bibliothek Nr. 4571–77, S. 401).
52 Feuerbach: Das Wesen der Religion, S. 26ff., 34.

hinweg. Der Dichter *Gottfried Keller* (1816–1895), ein leidenschaftlicher Anhänger Feuerbachs (»Der grüne Heinrich«), hat das gut nachempfunden, wenn er von seiner Hinkehr zum Atheismus sagt: »Die Welt ist mir unendlich schöner und tiefer geworden, das Leben ist wertvoller und intensiver, der Tod ernster, bedenklicher und er fordert mich nun mit aller Macht auf, meine Aufgabe zu erfüllen ..., da ich keine Aussicht habe, das Versäumte in irgendeinem Winkel der Welt nachzuholen.«[53]

2. Jens Peter Jacobsen: Gott als Versuch, der rauhen Wirklichkeit zu entfliehen

Der dänische Dichter *J. P. Jacobsen* (1847–1885) wird dem literarischen Naturalismus zugezählt, der »naturgetreu« verfahren und die Natur so wiedergeben will, wie sie wirklich ist. Diese »Wirklichkeitstreue« führt konsequent zum Atheismus, wie das besonders deutlich sein 1880 erschienener Roman »Niels Lyhne« zeigt.

In einem Gespräch am Weihnachtsabend gibt Dr. Hjerrild zu bedenken, man solle der Menschheit Gott, ihre »letzte, große Illusion«, nicht wegnehmen, will man sie nicht noch unglücklicher machen, als sie ist. Niels Lyhne entgegnet: »Begreifen Sie denn nicht, daß an dem Tage, wo die Menschheit frei jubeln kann: es gibt keinen Gott – daß an dem Tage wie mit einem Zauberschlage ein neuer Himmel und eine neue Erde geschaffen wird. Dann erst wird der Himmel der freie, unendliche Raum statt eines drohenden Späherauges sein. Dann erst ist die Erde unser, und wir gehören der Erde, wenn jene Welt der dunklen Seligkeit und der Verdammnis da draußen wie eine Blase geplatzt ist. Die Erde wird unser wirkliches Vaterland, das Heim unsres Herzens, wo wir nicht eine armselige Stunde wie fremde Gäste leben, sondern immerdar. Und welche Intensität wird es nicht dem Leben verleihen, wenn alles in ihm enthalten ist, nichts außerhalb desselben gelegt

53 Beide Texte stehen im Vorwort des von Floerke herausgegebenen Buches »Wesen der Religion« von Feuerbach; näheres zu Feuerbachs Atheismus siehe »Atheismus in der Diskussion. Kontroversen um Feuerbach«, hg. von H. Lübbe und H. M. Saß 1975.

werden soll. Der ungeheure Liebesstrom, der jetzt zu dem Gott emporsteigt, an den man glaubt, wird sich, wenn der Himmel leer ist, über die Erde herablassen.« »Begreifen Sie nicht, welch einen Adel es über die Menschheit ausbreiten wird, wenn sie frei ihr Leben leben und ihren Tod sterben kann, ohne Furcht vor der Hölle oder Hoffnung auf den Himmel, nur sich selber fürchtend, auf sich selber ihre Hoffnung setzend?« Während die Götter vergehen »entwickeln und verändern sich« die Menschen ständig weiter empor zum »Menschheitsideal.«

Gott ist »eine Flucht weg aus der rauhen Wirklichkeit, ein ohnmächtiger Versuch, der trostlosen Wirklichkeit des Daseins den Stachel zu nehmen«. Es gilt, die rauhe Wirklichkeit tapfer durchzustehen, ohne sich feige in Illusionen zu flüchten. Am Sterbebett seines Kindes erliegt Niels Lyhne der »Versuchung«, Gott um Hilfe anzuflehen und zu Illusionen Zuflucht zu nehmen, statt der Wirklichkeit standzuhalten. »Das war ein Sündenfall, ein Abfall von sich selbst.« »Er hatte nicht vermocht, das Leben zu tragen, so wie es war.«[54]

Im deutsch-dänischen Krieg 1864, an dem Niels Lyhne teilnimmt, wird er verwundet und stirbt »den schweren Tod« ohne Gott.

3. Ernst Haeckel: Gott als Welt Nr. 2

Der Naturwissenschaftler *Ernst Haeckel* (1834–1919) nimmt entscheidende Motive Feuerbachs, wie etwa dessen Naturglauben, auf. Er ist aber auch – ähnlich wie der Schriftsteller Jacobsen – stark von der darwinistischen* Entwicklungslehre vorgeprägt. Sein ungebrochener Glaube an die Aufwärtsentwicklung der Menschheit und Welt ist ja typisch für das 19. Jahrhundert. Sein System entfaltet er in seinem berühmten Buch »Die Welträtsel« (1899), in dem er von der Grundthese der »Einheit der Natur und der ewigen Geltung der Naturge-

* Entwicklung vom Niederen zum Höheren, der Mensch als Glied des tierischen Stammbaums.

54 J. P. Jacobsen: Niels Lyhne, insel taschenbuch 44, S. 162f., 265f., 274f., 279.

setze« ausgeht. Haeckel vertritt einen »Monismus«, d. h. er geht von der Meinung aus, daß es nur *eine einzige* Welt gibt, nicht noch eine zweite übernatürliche Welt. Er meint: »Es gibt nicht zwei verschiedene, getrennte Welten: eine physische, materielle und eine moralische immaterielle Welt.« »Das ganze unendliche Universum« ist »ein einziges großes Ganzes.« Nur dem Sinnlich-Wahrnehmbaren kann ein Wirklichkeitscharakter zugesprochen werden. Der Monismus (oder Einheitsglaube) ist eine »gottlose Weltanschauung«, weil die Existenz eines außerweltlichen, übernatürlichen Gottes der Naturwissenschaft widerspricht, wonach es nur *eine einzige Wirklichkeit* gibt. Die Natur braucht keinen übernatürlichen Gesetzgeber, sie entwickelt sich nach ihren eigenen Gesetzen. »Urquelle« jeder Religion ist das Bedürfnis der Vernunft, das Unerklärliche in der Welt, die »Welträtsel« zu erklären. Aber die »gewaltigen Erkenntnisfortschritte des neunzehnten Jahrhunderts« setzen die Vernunft in Stand, die Welträtsel zu lösen. Sie zeigen: Die »Offenbarungen« der Religionen sind »Dichtungen der menschlichen Phantasie«. »Die wahre Offenbarung ist nur in der Natur zu finden.« Der Monismus steht nach Haeckel in schroffem Gegensatz zum Christentum, wo der Mensch »in einem unbekannten Jenseits lebt«, statt »in dem bekannten Diesseits«. »Unser Monismus lehrt, daß wir sterbliche Kinder der Erde sind, die eine oder zwei, höchstens drei Menschenalter hindurch das Glück haben, im Diesseits die Herrlichkeiten dieses Planeten zu genießen, die unerschöpfliche Fülle seiner Schönheit zu schauen und die wunderbaren Spiele seiner Naturkräfte zu erkennen. Das Christentum dagegen lehrt, daß die Erde ein elendes Jammertal ist, auf welchem wir bloß eine kurze Zeit lang uns zu kasteien und abzuquälen brauchen, um sodann im Jenseits ein ewiges Leben voller Wonne zu genießen.« Der »Aberglaube« der Kirchen wird von Haeckel ersetzt durch den »Tempel der Natur« und seinen »Kultus des Wahren, Guten und Schönen«[55].

55 Ernst Haeckel: Die Welträtsel, 13. Aufl. 1922, S. 311, 324, 353f., 370ff., 395, 408ff.; *weitere* Repräsentanten des naturalistischen Atheismus sind F. Mauthner: Der Atheismus und seine Geschichte im Abendlande I–IV sowie die Freidenkerverbände (vgl. ihre Zeitschriften »Freies Denken«, »Freigeistige Aktion«).

C. DISKUSSION

1. Ist Gott Wunschwesen oder Wirklichkeit? Sind Wünsche Illusionen oder setzen sie eine Realität voraus? Kann Gott Wunschgebilde und Angstprodukt zugleich sein?

Feuerbachs Argumentation steht und fällt damit, daß der Mensch eigentlich ein Wunschbild seiner selbst beschwört, wenn er an einen Gott glaubt, daß er also Wunsch und Wirklichkeit verwechselt und sich dadurch selbst betrügt. Er geht dabei wie selbstverständlich von der Annahme aus, Wünsche seien in jedem Falle Illusionen. Die Erfahrung lehrt aber, daß Wünsche keineswegs immer auf Einbildung beruhen, sondern auf eine Wirklichkeit bezogen sein können, wie das etwa die »realistischen« Weihnachtswünsche unserer Kinder zur Genüge zeigen. Nach den Erkenntnissen der modernen Psychologie sind Träume keineswegs nur »Schäume«, sondern sie verweisen auf Realitäten, die in den Keller des Unterbewußten verdrängt wurden. Das Träumen und Wünschen des Menschen kann Trug und Schein sein, es kann aber auch durch einen Realitätsdruck ausgelöst sein. Aus der Tatsache, daß ich etwas wünsche, folgt jedenfalls noch lange nicht, daß es nicht existiert. Der Philosoph Ed. von Hartmann (1842–1906) wendet mit Recht gegen Feuerbachs Wunschargument ein: »Wenn die Götter Wunschwesen sind, so folgt daraus für ihre Existenz oder Nichtexistenz gar nichts.«[56] Eine Wunschprojektion* ist nicht unbedingt Illusion, sie kann sehr wohl realitätsbezogen sein. Zumal wenn der Wunsch mit der Unbedingtheit und dem letzten Ernst des religiösen Menschen projiziert** wird. Der ev. Theologe *Paul Tillich* meint, »eine Projektion ist immer eine Projektion *auf* etwas, eine Wand, einen Schirm, ein anderes Seiendes«, nämlich das »Unbedingte«[57], Gott.

* Projektion = die Abbildung (mit einem Bildwerfer).
** Wörtlich herauswerfen.

56 E. von Hartmann: Geschichte der Metaphysik II, 1906, S. 444.
57 P. Tillich: Systemat. Theologie I, S. 248.

Die Herrgottsschnitzerei der Religionen

Eine Wunschprojektion – auch die religiöse – kann selbstverständlich auch pure Einbildung sein. Die Bibel verurteilt solche eingebildeten Wunschbilder, die sich der Mensch von Gott macht, weil er seine Verborgenheit nicht durchsteht. »Du sollst dir kein Gottesbild machen« (2. Mose 20,4), heißt es in ihr. Der Mensch bliebe in der Tat bei sich selber, wäre Gott sein Abbild. Feuerbach hat das richtig erkannt. Die Geschichte des Christentums, das nicht selten in eine bloße Bedürfnis-, Bedarfs- und Gebrauchsreligion entartet ist, gibt ihm hier recht. Der Götzenkult und die »Herrgottschnitzerei« der Religionen bestätigt Feuerbachs These, Gott sei »das vergötterte Wesen des Menschen«, Gott sei nur ein überhöhter Mensch. Man denkt hier zu rasch an die Zaubermasken und Rasselstäbe der Primitivreligionen und ihren Geisterglauben; gerade die Hochreligionen* haben gerne ihre eigenen Wunschbilder ins Religiöse verlängert – allen voran das Christentum. Die brutale Aufrichtigkeit Feuerbachs, Gott sei eigentlich das Ebenbild des Menschen, nicht umgekehrt der Mensch Ebenbild Gottes, kann hier desillusionierend wirken.

Das wahre Abbild Gottes

Der tiefe Sinn des biblischen Bilderverbots ist der: Gott entzieht sich allen Gottesbildern, die der *Mensch* von ihm macht. Es gibt nur ein Bild, das ihn »wirklichkeitsgetreu« abbildet, das, das *er von sich selbst* gemacht hat: Jesus Christus, sein »Ebenbild« (2. Korinther 4,4). Wie Gott alle Gottesbilder hinter sich läßt, so entzieht er sich auch allen Begriffen, mit denen man ihn umschreiben will. Es gibt keinen Begriff, mit dem man ihn in den Griff bekommen könnte, außer den, durch den er sich selber zu Begriff gebracht hat: Jesus Christus.

Wenn Gott kein Wunschgebilde des Menschen ist, heißt das aber noch lange nicht, daß er auf die Wünsche des Menschen nicht einginge. Er hat es getan, indem er in Jesus Christus Mensch wurde und so den Traum des Menschen vom Menschen, wie er sein soll, verwirklicht hat. Er hat den Traum des Menschen, wieder zu werden, was er ist: *Ebenbild Gottes,* auf die Erde herabgerissen. Es gibt also durchaus träumbare Träume!

In diesem Zusammenhang muß auf eine Inkonsequenz in Feuerbachs Denken hingewiesen werden. Er meint, Gott sei

* Z. B. Christentum, Islam.

Wunschgebilde und Angstprodukt in einem. Aber er kann kaum beides zugleich sein. Denn der Mensch wird schwerlich etwas wünschen, was ihm zugleich Angst einjagt. Vor einem *selbstgemachten Wunschgebilde* kann er keine Angst haben, weil es ein Stück von ihm und ihm vertraut ist. Hat er davor Angst und ist es ihm fremd, dann ist es aber nicht etwas *Selbstgemachtes*. Der katholische Theologe R. Sauer meint mit Recht: »Wäre Gott lediglich ein Produkt menschlicher Wunschvorstellungen, wie könnte dann der Mensch vor ihm erzittern und erbeben?«[58]

Mit all dem soll kein Gottesbeweis konstruiert werden. Oben im Abschnitt I C 1 wurde ja schon darüber gesprochen, daß es keine Gottesbeweise gibt und daß Gott sich dem Zugriff der Vernunft entzieht. Gott, sagten wir, ist keine Angelegenheit des Großhirns, sondern Glaubenssache. Vom christlichen Standpunkt her gesehen, entlarvt Feuerbachs Argumentation einen Götzen, aber nicht Gott, der für die Vernunft *unan*greifbar, weil *un*greifbar ist (I C 1).

2. Ist Gott ein Jenseitsgott, der in eisiger Ferne thront, oder »das Herz aller Dinge« (Graham Greene)? Gibt es zwei oder drei Welten oder nur eine einzige Wirklichkeit? Ist die Erde für den Christen ein fremdes Durchgangsland zum ewigen Leben oder seine Heimat? Ist das Christentum unnatürlich oder setzt es die Natur in ihr Recht?

Die französische Schriftstellerin *Simone de Beauvoir* (geb. 1908) schreibt in den »Mandarinen von Paris«: »Als Kind glaubte ich an Gott. Ein weißes Kleid und ein schimmerndes Flügelpaar erwarteten mich in der himmlischen Kostümkammer, und ich wünschte mir, das Gewölk zu durchstürmen. Ich streckte mich mit gefalteten Händen auf dem Bett aus und versank in den Wonnen des Jenseits.« »Gott« war eine wirklichkeitsfremde »Vorstellung irgendwo im Himmel. Eines Tages habe ich sie weggewischt. Ich habe Gott nie vermißt. Er stahl mir die Erde«[59].

S. de Beauvoir faßt das Anliegen des naturalistischen Atheis-

58 R. Sauer: Die Herausforderung des Atheismus, 1970, S. 50.
59 S. de Beauvoir: Die Mandarine von Paris, rororo 761/1954, S. 24.

mus mit diesen Sätzen brennglasartig zusammen. Doch sie scheint ihr Messer gegen ein Phantom zu schleudern, wenn sie Gott so umschreibt. Ebensowenig treffen Feuerbach, Jacobsen und Haeckel den biblischen Gott mit ihren Vorwürfen. Der Gott, den sie bekämpfen, ist nicht der christliche Gott, sondern eine Feindattrappe, die sie sich von ihm aufgebaut haben, oder ein Zerrbild von ihm, das ihnen die damalige christliche Theologie darbot. Denn der christliche Gott ist *gar kein Jenseitsgott*, für den ihn der naturalistische Atheismus irrtümlich hält. Sondern er ist

ein Diesseitsgott.

Er wohnt nach dem Neuen Testament nicht *außerhalb* dieser Welt, sondern er *»wohnt unter uns«* (Johannes 1,14). Er ist nicht *über* der *Welt*, sondern er ist *in die Welt eingegangen*, in Jesus Christus. Er thront nicht in einer *Überwelt*, sondern er ist das *Herz* dieser Welt. Er *liebt* ja unsere Welt in Jesus Christus (Johannes 3,16), er *»erfüllt«* durch ihn *»alles in allem«* (Epheser 1,23). Aber auch nach dem Alten Testament erfüllt Gott das ganze All, wohnt er nicht nur im Himmel, sondern allüberall in der Welt (Psalm 139). Der biblische Gott ist nicht in einer *Hinterwelt* und *Randwelt*, sondern er ist die *bestimmende Mitte unserer Welt*. Gott befindet sich nicht in einem fernen Jenseits, sondern er ist »mitten in unserem Leben jenseitig« – wie der evangelische Theologe *D. Bonhoeffer* sagt[60]. Er ist nicht *über* der Welt, sondern *in* ihr, freilich *in* ihr ihr *gegenüber* – als ihr tragender *»Grund«* (Tillich). Obschon Gott der Welt als ihr Schöpfer frei gegenübersteht und kein Bestandteil der Welt ist, ist er in die Welt eingegangen. So *tief* ist er in die Welt hinabgestiegen, daß er ihr ganzes Elend zu seinem Elend machte, indem er sich ans Kreuz schlagen ließ. Viele Theologen sind daher der Meinung, Gott sei die *»Tiefe«* der Welt. D. h. überall dort, wo mein Leben tief und nicht flach ist, begegnet mir Gott. Ich finde ihn nicht in einer Welt *über* der Welt, sondern *in* der Welt. Er ist kein *Hochgott*, sondern ein *niedriger* Gott, der nichts Besseres sein will und der es nicht besser haben will als wir.

Der Realismus des Christentums

Feuerbach wendet gegen das angeblich idealistische Christentum ein: Das Wort soll endlich Fleisch, der Geist soll endlich Materie werden. Aber das »Wort *ist* Fleisch gewor-

60 D. Bonhoeffer: Widerstand und Ergebung, 9. Aufl. 1959, S. 184f.

den« (Johannes 1,14), der Geist *ist* Materie geworden, in Jesus Christus. Das Christentum ist keine idealistische Religion, die die Welt durch eine Überwelt verdoppelt, sondern eine *realistische* Religion, die sich an *unserer Welt* orientiert. Das kann gar nicht anders sein, wenn Gott die Mitte der Welt und keine Überwelt ist. Gott stiehlt dem Menschen nicht die Erde, sondern er schenkt sie ihm zurück. Er hat sie ja für *ihn*, nicht für *sich selber* geschaffen.

Der Christ *bejaht* daher die *Natur*, wenn er auch nicht an sie glaubt und so der Naturschwärmerei verfällt. Das naturfeindliche Christentum, gegen das sich der naturalistische Atheismus wendet, hat mit dem Christentum Jesu Christi nichts zu tun, der – wie seine Gleichnisse zeigen – die Natur geliebt hat. Gott ist kein naturloser Gott, der den Menschen aus seiner bergenden Natur herausreißt (Feuerbach), sondern er hat in Jesus Christus unsere »menschliche Natur« angenommen – wie die christliche Tradition sagt. Das Christentum ist – so gesehen – keine über- oder gar unnatürliche, sondern eine »natürliche« Religion. Für das Neue Testament ist die natürliche Welt nichts Teuflisches, sondern gute Schöpfung (Römer 14,14; Titus 1,15). Ja, es kann sogar in der Stimme der »Natur« und des »Gewissens« den Anspruch Gottes vernehmen (Römer 2,14f.; 1. Korinther 11,14). Die Natur ist hier fast so etwas wie ein Deckname Gottes, der durch sie allen Menschen, ohne daß sie es wissen, begegnet (Römer 1,19f.). Wir sprachen bereits oben im Abschnitt I B 1 davon, daß es nicht ausgeschlossen ist, daß auf diese Weise auch der Atheist Gott – wenn auch unter anderem Namen – kennt.

Menschenliebe oder Gottesliebe?

Wenn nach dem christlichen Glauben Gott der *Grund* unserer Welt ist, kommt man nur *durch* die Welt *hindurch* zu ihm. Die Alternative des naturalistischen Atheismus gibt es dann nicht mehr: entweder Gott oder die Welt zu lieben. Wenn Gott der Grund der Welt ist, gibt es keine Liebe zu Gott an der Welt vorbei, sondern nur *durch* die Welt *hindurch*. Gottesliebe ist dann immer Weltliebe*. Der »ungeheure Liebesstrom«, den der Gläubige »zu Gott emporsteigen« läßt, braucht nicht durch den Atheismus auf die Welt umgelenkt zu werden, wie Jacobsen meint, da die Liebe zu Gott sich gerade *an* der Liebe

* Welt hier gemeint im Sinne von Schöpfung, nicht im Sinne von böse Welt wie 1. Johannes 2,15.

zur Welt bewährt. Nicht je weniger man Gott liebt, sondern je mehr man Gott liebt, desto mehr wird man den Mitmenschen lieben. Man liebt ja Gott *im* Mitmenschen (Matthäus 25,40), nie aber am Mitmenschen vorbei (Lukas 10,25–37). Das Gebot der Nächstenliebe ist dem Gebot der Gottesliebe *»gleich«*, wie es Matthäus 22,39 heißt. Wer Gott liebt, liebt seinen Nächsten, oder er liebt nicht Gott. (1. Johannes 4,20) Gott ist kein eifersüchtiger Konkurrent des Menschen, sondern er wurde in Jesus Christus sein Partner.

Es gibt nur eine einzige Welt

Die Welt ist für den Christen kein fremdes Durchgangsland zur ewigen Heimat (Jacobsen), sondern *sie selbst ist* – oder besser gesagt – *wird* seine *ewige Heimat*. Das Reich Gottes wird einst auf *dieser Erde* aufgerichtet (Matthäus 5,5; 2. Petrus 3,13). Es gibt nach christlichem Verständnis nicht *zwei* Welten, sondern nur *eine einzige Welt*. Die neue Welt, die Gott einst bringen wird, ist keine Welt Nr. 2, sondern er wird *diese unsere* Welt erneuern, die er einst geschaffen hat (Römer 8,19–23). Bonhoeffer schreibt: »Es gibt nicht zwei Wirklichkeiten, sondern nur *eine* Wirklichkeit«, da »in Jesus Christus die Wirklichkeit Gottes in die Wirklichkeit dieser Welt eingegangen ist«. Gott ist die *»letzte Wirklichkeit«*, wie sie sich in der Wirklichkeit der Welt verbirgt[61]. Daher bleibt der Glaube an Gott hart an der Wirklichkeit und er ist keine wirklichkeitsfremde Jenseitsdressur, wie man ihm fälschlich vorgeworfen hat. Gerade der Gläubige ist ein »Student des Diesseits« (Feuerbach), weil er die Welt von ihrem *Grunde* her sieht, weil er der Welt auf den *Grund* geht und so erst ihre Zusammenhänge begreift. Gottestreue schließt Wirklichkeitstreue ein.

Der Glaube kann sich den Satz *G. Szczesnys*, den er in seinem Buch »Die Zukunft des Unglaubens« gegen das Christentum einwendet, zu eigen machen: »Es gibt kein Jenseits der Welt. Aus einem immanenten* Ursprung entfaltet ihr Kern Schicht um Schicht, Gestalt um Gestalt der Wirklichkeit.«[62] Auch der Christ kann das sagen. Das biblische Dreistockwerkeweltbild (Unterwelt–Welt–Überwelt) ist eine zeitbedingte Vorstellung von zeitbegrenzter Gültigkeit – ebenso wie die Schöpfung in 6

* Ihr innewohnenden.

61 D. Bonhoeffer: Ethik, 8. Aufl. 1975, S. 200f., 207, 210.
62 G. Szczesny: Die Zukunft des Unglaubens, 1965, S. 105.

Tagen. Viele Theologen beider Konfessionen sehen die Schöpfung im Rahmen der Evolutionstheorie, wonach sich die Welt allmählich aus niederen zu höheren Formen entwikkelt hat. Sie meinen: Gott sei der Evolutor* der Evolution, er sei die Kraft, die die Entwicklung vorantreibt. Die Welt habe ihre Gesetze, nach denen sie sich entwickele, in sich (Haeckel). Aber es müsse einen geben, der ihr diese Gesetze gegeben habe (siehe oben I B 1).

Aber entwickelt sich die Welt wirklich aufwärts und nicht vielmehr abwärts? Wurde der Fortschrittsglaube und Menschheitsglaube des 19. Jahrhunderts (Feuerbach, Haeckel) nicht durch Auschwitz, Dresden und Hiroshima widerlegt? Wurde nicht der Glaube des Menschen an sich selber in den Trümmern von Verdun und Stalingrad begraben? Die Eskalation des Bösen in unserem Jahrhundert hat das Vertrauen auf den menschlichen Fortschritt erschüttert. Fast scheint es, als ob der Glauben an die *Evolution* durch den Glauben an einen *Evolutor* abgelöst wird. Es scheint gerade umgekehrt zu sein als bei Feuerbach: Man *glaubt* an ein besseres Leben, weil mans nicht mehr selber *schaffen* kann. Es gibt freilich auch die gegenteilige Erfahrung, wie sie der Gesellschaftswissenschaftler *A. Gehlen* artikuliert: »Da die Menschheit nichts Größeres mehr außer sich sieht, muß sie sich selbst umarmen und ihr immer schon wahnhaftes Glücksverlangen von sich selber erwarten.«[63]

3. Was heißt eigentlich »Himmel« und »Hölle«?

Sind »Himmel« und »Hölle« unsoziale Begriffe, die den Menschen von der Welt ablenken? Führen sie nicht unweigerlich zu dem Egoismus: Soll die Welt untergehen, wenn nur *ich* gerettet werde. Ganz zu schweigen von dem grinsenden Behagen und der Schadenfreude der Geretteten, wenn sie sich an den ewigen Qualen der Verdammten weiden. Keine Frage, daß es diesen christlichen Zynismus gibt, an dem so viele irre werden und lieber das »Eintrittsbillet zurückgeben«, als die Wonnen der Frommen zu teilen.

* Der Entwickler (der Entwicklung).

63 A. Gehlen: Moral und Hypermoral, 3. Aufl. 1973, S. 141.

Der Schriftsteller *Günter Eich* (1907–1972) hat in dem Hörspiel »Festianus, Märtyrer« den Typ des Gnadenhamsterers im Auge, der nur an sein eigenes Seelenheil denkt, wenn er in ihm den Heilsegoismus des Christentums anprangert. Eich schildert eine moderne Hölle. Die »Konzentrationslager« haben ja »neue Impulse« gegeben. Neben den konventionellen Qualen gibt es neue, wie etwa »schalldicht abgedämpfte« Anlagen, damit man »keinen Schrei« hört. Himmel und Hölle sind durch eine unübersteigbare Scheidewand getrennt. Und da geschieht das Ungeheuerliche: Der Märtyrer Festianus verläßt den Himmel, um den Verlorenen in der Hölle zu »helfen« und sie zu »trösten«. Er verzichtet auf die schalen Freuden des Himmels und solidarisiert sich mit den Verdammten. Die pharisäische Trennwand zwischen Himmel und Hölle wird beseitigt. »Der Schlüssel« des Petrus »schließt nicht mehr«[64]. Soweit Eich.

Himmel?

Was verbindet sich für *uns* mit den Begriffen »Himmel« und »Hölle«? Viele denken bei den Worten *»Himmel«* und *»ewiges Leben«* an Wesen, die ununterbrochen Halleluja singen und mit Palmen wedeln, andere an das allgegenwärtige »Späherauge« eines Big brothers (Jacobsen). Diese Begriffe haben für den heutigen Menschen unweigerlich einen faden oder unangenehmen Nachgeschmack bekommen.

Im Neuen Testament sind »Himmel« und »ewiges Leben« andere Worte für atemversetzende *»Freude«* (Matthäus 25,21) und *grenzenloses Glück* (Matthäus 5,3–10) – also gerade das Gegenteil von Langeweile. Der Himmel ist kein Raum außerhalb der Welt, sondern er ist überall in unserer Welt, wo Gott wohnt. *Er* ist es ja, in dem nach dem Verständnis der Bibel diese Freude besteht, die den Menschen nur letztes Glück schenken kann. *Himmel* ist in der Bibel ein anderes Wort für *Gottesgemeinschaft*. Da der Mensch diese Gottesgemeinschaft schon in diesem Leben hat, ist er schon jetzt im Himmel.

Worin besteht nun das grenzenlose Glück der Gottesgemeinschaft, Himmel genannt? Da Gottes Wesen die Liebe ist (1. Johannes 4,8), besteht es in der Liebe ohne Grenze, in der Liebe, die er uns in Jesus Christus schenkt. Daher heißt es im

64 G. Eich: Festianus. Märtyrer, Hörspiel, 1958 (Reclams Universal-Bibliothek).

Johannesevangelium immer wieder: Wer an Jesus und seinen Vater glaubt, hat *schon jetzt* das »ewige Leben« (Johannes 3,15 f.; 5,24). Das ewige Leben ist keine Illusion, sondern es besteht in der Realität: Wenn alle uns verlassen, *einer verläßt uns nie. Niemand kann uns »aus seiner Hand reißen«* (Johannes 10,28). Niemand, nicht einmal der Tod! Diese Gottesgemeinschaft kann nicht einmal der Tod zerstören. Das Eigenschaftswort »ewig« in dem Begriff »ewiges Leben« will nichts anderes als die Unzerstörbarkeit dieser Gemeinschaft zum Ausdruck bringen.

Also doch ein Himmelsegoismus? Nein. Denn im Neuen Testament heißt es klipp und klar: »Wir wissen, daß wir aus dem Tod ins Leben hinübergegangen sind, *weil* wir die *Brüder lieben* ... Wer seinen *Bruder haßt*, ist ein Menschenmörder« und *»hat kein ewiges Leben«* (1. Johannes 3,14 f.). Ewiges Leben ereignet sich also in der Bruderliebe, es ist kein illusionäres Jenseitsglück, sondern etwas, was sich in der nüchternen Alltagswirklichkeit ereignet. Der Mensch ist also, gerade wenn er im Himmel ist, ein Student des Diesseits und nicht ein Kandidat des Jenseits (Feuerbach). Der Himmel ereignet sich schon hier auf Erden und er ist gerade *keine* Flucht aus der rauhen Wirklichkeit (Jacobsen). Er besteht in der grenzenlosen Liebe, die Gott ist.

Hölle?

Aber setzt die *Hölle* nicht doch der Liebe Gottes eine Grenze? Nicht die Hölle, sondern der *Mensch*, der nicht in den Himmel, sondern in die Hölle will. Denn wie der Himmel im *Leben mit Gott* besteht, so ist die *Hölle* nach christlichem Verständnis nichts anderes *als das Leben ohne Gott*. Gott zwingt sich niemandem auf. Er respektiert die Freiheit des Menschen, mit oder ohne ihn zu leben. Wer Gottes Liebe nicht haben will, hat sie nicht. *Dies* und nichts anderes ist mit dem Begriff »Hölle« gesagt. Liebe ist nie erzwingbar.

Die Hölle ist keine unterirdische Folterkammer mit Feuersärgen, Pechseen und Schwefeldämpfen, sondern sie ereignet sich nach dem christlichen Glauben überall dort, wo der Mensch sich von Gott trennt und sich so dem letzten Glück, das Gott ist, verweigert. Sie ist dort, wo der Mensch sich der Liebe verweigert. Denn »Gott ist die Liebe« (1. Johannes 4,8). Hölle heißt Trennung von Gott (Lukas 16,26). So verstanden, gibt es die Hölle wie den Himmel schon hier und jetzt. So oft der Mensch sich von Gott und damit vom Mitmenschen trennt,

ist er in der Hölle. »Wer nicht liebt, bleibt im Tode« (1. Johannes 3,14), während der, der liebt, schon jetzt das ewige Leben hat (1. Johannes 3,14 f.).
Der Philosoph und Schriftsteller *J.-P. Sartre* (VI B 1) hat diesen Tatbestand – obwohl Atheist – richtig erkannt, wenn er in seinem Drama »Bei geschlossenen Türen« sagt: »Schwefel, Scheiterhaufen, Bratrost« sind ein »Witz« gegen die Hölle der Mitmenschen. »Die Hölle, das sind die anderen[65].«
J. Améry hat das Problem noch deutlicher umschrieben, wenn er meint, die Hölle sind nicht nur die »anderen«, »die Hölle« ist »eine Welt ohne die Anderen«, in der ich »von keinem anderen vermißt« werde[66]. Einsamkeit und Antwortlosigkeit sind ja Grundmerkmale unserer Zeit. Von daher stellt sich wie von selbst die Gottesfrage, die Frage nach einem *Du*, mit dem ich jederzeit sprechen kann, das ich immer »anrufen« kann, ohne daß das »Besetztzeichen« erklingt, das immer Zeit für mich hat, ein *Du* der *grenzenlosen Liebe*, wie sie ein *Mensch* nie geben kann. *Wie* man dieses jederzeit an- und abrufbare Du nennt, ob Gott, ob anders, ist unwichtig; wichtig ist, daß man es *braucht.**

D. KONKRETION

Die Erzählung »Die Nashörner« des Schriftstellers *E. Ionesco* (geb. 1912) ist eine Zukunftsvision[67], die zu denken gibt: In einer französischen Kleinstadt taucht plötzlich ein Nashorn auf. In einer Art Massenrausch verwandeln sich die Einwohner nach und nach in Nashörner. Die »Dickhäuter« verwüsten Kaufhäuser und erobern den Rundfunk. Alle laufen zu ihnen nach und nach über. Denn »man muß mit der Zeit gehen«; »jeder hat das Recht, sich weiter zu entwickeln«. Der »Humanismus« wird für »veraltet« erklärt, »Liebe« gilt als »entartete

* Dieses Du, das sich uns in Jesus Christus erschließt, kann uns ja ganz anonym begegnen (Matthäus 25,37–45).

65 J. P. Sartre: Dramen, 1954, S. 67 ff.
66 J. Améry: Unmeisterliche Wanderjahre, 1971, S. 144.
67 E. Jonesco: Vier Erzählungen, 1960.

Angelegenheit«. Sie »hält keinen Vergleich aus mit der herrlichen Kraft« jener neuen »Wesen«, die an die Stelle des Menschen gerückt sind.

Fragen zum weiteren Nachdenken:

1. Manche Leser fragen vielleicht enttäuscht, warum als Konkretion ein Märchen und keine aus dem Leben gegriffene Geschichte ausgewählt wurde.

Aber handelt es sich hier wirklich um ein lebensfremdes Märchen eines Dichters? Nicht nur Dichter, auch Wissenschaftler reden von der fortschreitenden Vermassung des Menschen, seiner zunehmenden Ich- und Dulosigkeit, seiner Affektarmut*, seiner Unfähigkeit, sich zu freuen, zu trauern, sich mit fremdem Leid zu identifizieren, seinem sozialen Analphabetismus, seiner Antwortlosigkeit und Einsamkeit.

Nicht nur Dichter, bei denen Apokalyptik** häufig nur eine Art Modekonfektion ist, auch Wissenschaftler entwerfen beklemmende Zukunftsvisionen: Nach dem Zukunftsforscher *O. Flechtheim* zeigen alle Anzeichen darauf hin, daß sich der Mensch zum »total entfremdeten Roboter oder Barbaren« entwickelt. Es sei nicht ausgeschlossen, »daß der Mensch mittels verheerender Kriege oder auch totaler Überbevölkerung und Umweltzerstörung sich selber ein Ende setzen wird«. Andere Zukunfts-»Möglichkeiten« wären der Rückfall in eine »Steinzeitgesellschaft« oder die totale Versklavung der Menschen durch eine Universaldiktatur[68]. Andere Wissenschaftler befürchten, daß eines Tages die Wissenschaft so weit sein wird, mit biochemischen Mitteln tiermenschliche Mischlinge zu züchten, um gefügige Arbeitstiere zu haben. Sie meinen, diese »biologische Zeitbombe« sei schlimmer als die Atombombe[69]. Wieder andere halten die Bevölkerungsexplosion für das schlimmste Übel. Durch die Bevölkerungszunahme würden die Rohstoffquellen so stark ausgebeutet und die Verschmutzungs- und Ernährungsprobleme sich so rapide vergrößern, daß mit Sicherheit um die Jahrtausendwende

* Gefühlsarmut.
** Voraussagung des nahen Weltendes.

68 O. Flechtheim: Zwischen Roboter und Genie, Ev. Kommentare 1973, S. 656ff.
69 Näherer Nachweis hierzu: H. G. Pöhlmann; Abriß der Dogmatik, 2. Aufl. 1975, S. 138f.

die Katastrophe komme – wenn nichts oder nicht mehr als bisher dagegen getan wird.
Müßten sich nicht angesichts der Zukunftserwartungen der Menschheit Christen und Atheisten zusammentun, um gemeinsam die Welt vor dem Chaos zu bewahren? Müßte nicht ein Weltbewußtsein geweckt werden, das die Schranken der Nation, Rasse, Religion und Ideologie überwindet und die Verantwortung dafür weckt, daß es nur *eine einzige* Welt gibt und daß wir alle im selben Schiff, in derselben Titanic sitzen?
2. Kann der Mensch überhaupt noch die Evolution * aus eigener Kraft steuern? Braucht er nicht den Glauben an einen Evolutor **, der die Evolution zum Ziel lenkt? Lehrt nicht die Erfahrung der Menschheitsgeschichte, daß der Mensch die bessere Welt nicht alleine schaffen kann? Braucht er nicht ein übermenschliches Du, das ihn vorwärtsruft und vorwärtsreißt?
3. Welchen Sinn hat in diesem Zusammenhang das Wort des irischen Dichters George Bernard Shaw: »Hüte dich vor dem Menschen, dessen Gott im Himmel ist«?

* Entwicklung (siehe oben C 2).
** Entwickler.

HIMMEL
GOTT ARBEITET UNTEN!!
DREMBUCH MODERNE THEOLOGIE GOTT DES HIMMELS GOTT DER MENSCHEN
MARCUS

Der Karikaturist zeichnete das Bild für die Fernseh-Sendung »Frage nach Gott«, in der evangelische und katholische Theologen befragt werden nach ihrem Gottesbild. Der Interviewer erhält am Himmelstor eine eindeutige Antwort. *H. M.*

Abschnitt III

DIE ABLEHNUNG GOTTES IM NAMEN DES MENSCHEN

Der marxistische Atheismus

K. Marx – E. Bloch

A. EINSTIEG

»Als der Allmächtige sprach sein großes Werde,
Rief er die Sonn, daß die auf sein Geheiß
Ihm eine Lampe trage um die Erde
Als kleine Magd in ordentlichem Kreis.
Denn sein Wunsch war, daß sich ein jeder kehr
Fortan um den, der besser ist als er.
Und es begannen sich zu kehren
Um die Gewichtigen die Minderen
Um die Vorderen die Hinteren
Wie im Himmel, so auch auf Erden.
Und um den Papst zirkulieren die Kardinäle.
Und um die Kardinäle zirkulieren die Bischöfe.
Und um die Bischöfe zirkulieren die Sekretäre.
Und um die Sekretäre zirkulieren
die Stadtschöffen.
Und um die Stadtschöffen zirkulieren
die Handwerker.
Und um die Handwerker zirkulieren
die Dienstleute.
Und um die Dienstleute zirkulieren
die Hunde, die Hühner und die Bettler.
Das, ihr guten Leute, ist die Große Ordnung ...
die Regel der Regeln, aber was, ihr lieben
Leute, geschah?
Auf stund der Doktor Galilei
Schmiß die Bibel weg, zückte sein Fernrohr,
warf einen Blick auf das Universum
Und sprach zur Sonn: Bleib stehn!
Es soll jetzt die creatio dei*
Mal andersrum sich drehn.

* Zu deutsch: Schöpfung Gottes.

Jetzt soll sich mal die Herrin, he!
Um ihre Dienstmagd drehn ...

Wer wär nicht auch mal gern
sein eigner Herr und Meister?«[70]

Diese Ballade aus *Berthold Brechts* »Leben des Galilei«* umreißt mit plakativer Deutlichkeit das Grundanliegen des marxistischen Atheismus: Der Mensch soll »sein eigener Herr« sein und sich von allen Herren, auch vom himmlischen, befreien. Alles »dreht« sich um den Menschen, nicht um Gott. Der *Mensch* ist der *neue Drehpunkt*. Und zwar nicht der Mensch *allgemein* wie bei Feuerbach, sondern der *ausgebeutete* Mensch, der sich befreit.
Es soll hier der frühe Marx sowie der Neomarxist Ernst Bloch besprochen werden, der dem Revisionismus** zugezählt wird.

B. INFORMATION

1. Karl Marx: Gott als Opium für Arbeitssklaven

Karl Marx (1818–1883) ist der Begründer und Theoretiker des Marxismus. Er ist wie Feuerbach Schüler des Philosophen *G. F. W. Hegel*, dessen idealistische Philosophie er freilich scharf kritisiert. Der Idealismus gibt der Idee oder dem Geist den Vorrang vor dem Stofflich-Materiellen, während der Materialismus umgekehrt nur dem Stofflich-Materiellen eine Realität zubilligt (vgl. II B 1). Die Ideen sind keine Wirklichkeit

* Galilei (1564–1642) war ein bekannter Astronom und Mathematiker, der 1633 von der Inquisition gezwungen wurde, seine Lehre, daß sich die Erde um die Sonne dreht, zu widerrufen.
** Der Revisionismus ändert das marxistische Programm ab, um es der jeweiligen Zeitsituation anzupassen.

70 B. Brecht: Das Leben des Galilei, ed. suhrkamp 1, S. 116ff.

für sich, sie sind nur ein Widerschein der Materie. Marx ist – ähnlich wie Feuerbach (II B 1) – Materialist. Dieser materialistische Ansatz ist weichenstellend für sein ganzes Denken, das man auf die Formel bringen kann: Das Bewußtsein des Menschen wird geändert, wenn vorher die gesellschaftlichen Verhältnisse geändert wurden, nicht umgekehrt. Der Mensch ist ein Teil des gesellschaftlichen Ganzen, kein »Robinson«.
Wir besprechen zwei Frühschriften von Marx, die »Pariser Manuskripte« und die »Kritik der Hegelschen Rechtsphilosophie«, beide aus dem Jahre 1844. In den Frühschriften von Karl Marx steht viel deutlicher der *Mensch* im Mittelpunkt, während beim späteren Marx der Akzent viel mehr auf der *Gesellschaft* liegt.

Was heißt überhaupt Marxismus?

Die *Pariser Manuskripte* sind nach vielen Forschern der Schlüssel zum Denken von Karl Marx. Wir gehen daher von ihnen aus bei der Beantwortung der Frage »Was heißt Marxismus?«.
Diese Manuskripte schlagen den Grundton des Marxismus an: Die *Menschwerdung des Menschen*. Zentralbegriff der Manuskripte ist die *»Entfremdung«*. Der Begriff Entfremdung, den Marx von Hegel übernimmt, stammt ursprünglich aus der Rechtssprache. Er hat dort den Sinn von Weggabe einer Sache in *fremden Besitz*, Entäußerung, Veräußerung (lateinisch: alienatio). Entfremdung hat bei Marx entsprechend die Bedeutung: Der Arbeiter ist in den *fremden Besitz* des Kapitaleigners übergegangen, er gehört sich nicht mehr selbst, sondern ihm; er hat sich »veräußert« und ist nicht mehr sein eigener Herr. Durch das Privateigentum wird der Mensch sich selbst »entfremdet«, d. h. er wird sich selber fremd, er ist nicht mehr mit sich selbst eins. Er wird – wie Marx schreibt – »eine um so wohlfeilere Ware, je mehr Waren er schafft«. Er wird »um so wertloser, je mehr Werte er schafft«. So fremd ist er sich geworden, daß er sich nicht einmal mehr in seinem *Arbeitsprodukt* wiedererkennt, das ihm wie ein »fremdes Wesen« und als feindliche »Macht« gegenübertritt. Entsprechend empfindet er seine *Arbeit* als etwas »Äußerliches«. »Der Arbeiter fühlt sich ... erst außer der Arbeit bei sich und in der Arbeit außer sich.« Seine Arbeit ist äußerer Zwang, nicht innerer Drang. Aber nicht nur das Arbeitsprodukt und die Arbeit wird dem Menschen fremd, sondern auch sein *Mitarbeiter*.
Wie wird die Entfremdung aufgehoben? Wie kann der

Mensch, der sich selber fremd ist, wieder mit sich selber eins werden? Durch die *Beseitigung des Privateigentums*, das alleine den Menschen sich selber entfremdet. Nur wenn die Wurzel der Entfremdung, das Privateigentum, ausgerissen wird, wird die Entfremdung beseitigt. »Die Aufhebung der Selbstentfremdung macht denselben Weg wie die Selbstentfremdung.« Das Übel muß also an der Wurzel ausgerottet werden. Nur eine radikale Lösung hilft. Nur durch eine gewaltsame Revolution kann das Privateigentum, das die Wurzel der Selbstentfremdung des Menschen ist, abgeschafft werden. Gemeint ist das Privateigentum an Produktionsmitteln, also z. B. an Maschinen, Rohmaterial, Grund und Boden, kurzum Eigentum, mit dem man sich wieder neues Eigentum erwerben kann und durch Eigentumshäufung andere beherrschen und unfrei machen kann.

Wichtig ist dabei: Es geht nicht nur um die Behebung der *Not* des Menschen, sondern um seine *Freiheit*. Marx kämpft nicht nur für den *sozialen Wohlstand* des Menschen, sondern für den *Menschen selbst*. Die Entfremdung wird nicht geheilt durch »Erhöhung des Arbeitslohnes«, die nicht mehr als »eine bessere Salarierung* der Sklaven« ist, sondern durch die *Sklavenbefreiung*. Ziel der Marxschen Lehre ist das Paradies des Kommunismus, in dem keiner den anderen durch sein Kapital von sich abhängig machen kann und jeder frei ist. Er wendet sich dabei aber auch gegen jeden »rohen Kommunismus«, der *alles* Privateigentum inklusive der Frauen in Gemeineigentum überführen und alles nivellieren will. Sein Kommunismus ist »Humanismus«, es geht um die Schaffung einer menschlicheren Welt[71].

Dieser humanistische Grundton der Pariser Manuskripte hält sich im Marxschen Denken bis ins Spätwerk durch, wenn er auch immer mehr zurücktritt. Es ist keine Frage, daß dieser marxistische Humanismus durch den Stalinismus und »Insektenkommunismus« verraten wurde.

Warum ist der Marxismus atheistisch?

Viele fragten schon, warum der Marxismus mit dem Christentum unvereinbar sei, das doch ähnliche Ziele – wie er – verfolge? Marx ist deswegen Atheist, weil ein *Jenseits*gott den Men-

* Bezahlung.

71 K. Marx: Pariser Manuskripte, in: Texte zu Methode und Praxis II, rororo 209/10, S. 50–75.

schen von seiner *Diesseits*aufgabe ablenkt: *durch Revolution ein Paradies auf Erden zu schaffen.* Gott ist eine Art Fata-Morgana*, die den Menschen davon abhält, die Wüste seines Lebens zu bewässern und aus ihr einen Paradiesgarten der Freiheit zu machen. Die Aufhebung der Selbstentfremdung und die Wiedervereinigung des Menschen mit sich selbst ist ja nach Marx Tat des Menschen. Der Mensch erlöst sich selbst. Feuerbachs Projektionstheorie** (II B 1) hilft Marx, diese Argumentation zu untermauern.

Einige Sätze aus der »Kritik der Hegelschen Rechtsphilosophie«, in der Marx seine Religionskritik entfaltet, sollen das Gesagte erläutern: »Der Mensch, der in der phantastischen Wirklichkeit des Himmels, wo er einen Übermenschen suchte, nur den *Widerschein* seiner selbst gefunden hat, wird nicht mehr geneigt sein, nur den *Schein* seiner selbst ... zu finden, wo er seine wahre Wirklichkeit sucht und suchen muß.« Die Religion »ist die *phantastische Verwirklichung* des *menschlichen Wesens*, weil das menschliche Wesen keine wahre Wirklichkeit besitzt«. Der himmlische Kapitalist verelendet den Menschen ähnlich wie die irdischen, ja er geht ihnen mit »gutem« Beispiel voran und legitimiert so ihr Tun.

Aber »das religiöse Elend ist« nicht nur *»Ausdruck* des wirklichen Elends«, es ist zugleich auch *»Protestation* gegen das wirkliche Elend. Die Religion ist der Seufzer der bedrängten Kreatur, ... Sie ist das *Opium* des Volkes«. Religion hat also nach Marx eine Doppelfunktion. Sie ist 1. Ausdruck des Unglücks und 2. ein eingebildetes Glück, das über das Unglück hinwegtäuschen soll.

»Die Aufhebung der Religion als des *illusorischen* Glückes des Volkes ist die Forderung seines *wirklichen* Glücks.« Die »Illusionen über seinen Zustand« wird es nur aufgeben, wenn der »Zustand, der der Illusion bedarf« aufgegeben wurde. »Die Kritik der Religion ist also im Keim die Kritik des Jammertals, dessen Heiligenschein die Religion ist.« Gibt es kein Jammertal mehr, dann ist die Vertröstung auf ein besseres Jenseits unnötig, gibt es keine Wüste mehr, dann entfällt auch die Fata Morgana. Ist der Mensch glücklich, dann bedarf er nicht mehr eines eingebildeten Glücks. Der Mensch soll »sich

* Eine durch Luftspiegelung verursachte Täuschung.

** Nach Feuerbach ist Gott ein Abbild des Menschen, das er an den Himmel projiziert.

um sich selbst und damit um seine wirkliche Sonne bewegen. Die Religion ist nur die illusorische Sonne, die sich um den Menschen bewegt, solange er sich nicht um sich selbst bewegt«. Nicht Gott, »der Mensch ist das höchste Wesen für den Menschen«. Wer aus dem lähmenden Opiumrausch der Religion erwacht ist, wird sein Schicksal selber in die Hand nehmen und »alle Verhältnisse umwerfen, in denen der Mensch ein erniedrigtes, geknechtetes Wesen ist«. Erst dann, wenn der Mensch nicht mehr Knecht Gottes ist, ist er sein eigener Herr[72]. Der Atheismus reißt den Menschen aus seiner magischen Passivität heraus. Denn er läßt ihn erkennen: Der Mensch ist kein Schatten Gottes, Gott ist ein Schatten des Menschen. Der Mensch wird um so wirklicher, um so unwirklicher Gott wird.

2. Ernst Bloch: Gott als Vergangenheit

Der Philosoph *Ernst Bloch* (geb. 1885) geht wie Karl Marx von der Projektionstheorie Feuerbachs* aus. Religion ist für ihn das an den Himmel projizierte** »Spiegelbild« des Untertanenstaates. Wird der Untertanenstaat beseitigt, dann entfällt auch sein Spiegelbild: Gott. »Wo keine irdischen Throne« sind, »fehlt auch einem himmlischen Thron die gesellschaftliche Basis; die aber machte dem gewohnten Untertan ... ihr himmlisches Spiegelbild glaubhaft.«
Die Projektion nach oben ist aber eine Projektion nach hinten. Religion kommt von dem lateinischen Wort »re-ligio«, das soviel heißt wie »Rückverbindung«. Religion ist Rückverbindung mit einem mythischen*** Gott des Anfangs, dem Weltschöpfer. Religion ist also Bindung an das Vergangene. Der Mensch soll sich aber von der Vergangenheit frei machen und auf die Zukunft hoffen[73]. Das *Wesen* des Menschen besteht ja gerade darin, daß er *hofft*. Die Fähigkeit, zu hoffen unterschei-

* Wonach Gott ein Abbild des Menschen ist.
** projizieren = werfen.
*** = sagenhaft.

72 K. Marx: Zur Kritik der Hegelschen Rechtsphilosophie, aus: Marx-Engels I, Studienausgabe, Fischer Bücherei 6059, S. 17f.
73 E. Bloch: Atheismus im Christentum, 1968, S. 15–18.

det ihn vom Tier. »Der Mensch ist nicht dicht«, sondern offen nach vorn. Ein Mensch, der sich der Zukunft verschließt und am Herkömmlichen festhält, verrät seine Wesensbestimmung. Ein Mensch, der nicht mehr hofft, hört auf, Mensch zu sein. Seinem Wesen nach ist der Mensch immer nach vorwärts, nicht nach rückwärts gewandt. Daher findet er sich nie ab mit dem Bestehenden. Daß er von Natur ein Hoffnungswesen ist, kommt z. B. in seinen Tagträumen zum Ausdruck. Letztlich ist sein Hoffen auf den Grundtrieb des Menschen, den »Hunger« zurückzuführen, den Hunger nach immer mehr Glück. Dabei hofft er nicht auf ein religiöses Jenseits, sondern auf ein glücklicheres Diesseits, auf den Zustand aufgehobener Entfremdung und abgeschaffter Armut. Kein Griff nach den Sternen also, sondern der Umbau des Sterns der Erde[74]! Sein Sehnen geht nicht nach oben, sondern nach vorn.

Der Atheismus im Christentum

Neu gegenüber Marx ist Blochs Sicht des Christentums und der Bibel. Atheismus und Christentum schließen sich für ihn nicht – wie für Marx – aus, sondern ein. Er meint: »Nur ein Atheist kann ein guter Christ sein, nur ein Christ kann ein guter Atheist sein.« Warum? Das Christentum ist im Kern atheistisch und areligiös, weil es *zukunftsorientiert* und ein Ausbruch aus dem Status quo* ist. Sicher kennt die Bibel auch die Bindung ans Vergangene und an den Gott des Anfangs, der da sagt: »Siehe, es war sehr gut« (1. Mose 1,31). Vorherrschend sei aber in ihr die Hoffnung auf die bessere Zukunft: »Siehe, ich mache alles neu« (Offenbarung 21,5). Der biblische Atheismus entthront den Himmelsgott und setzt den Menschen und Menschensohn Jesus an seine Stelle. Jesu Reich ist ja der Umbruch des Bestehenden und damit eine Absage an den Gott, der das Bestehende geschaffen hat. Der Herrengott ist unvereinbar mit dem herrschaftsfreien Menschen, wie ihn Jesus verkörpert. Jesus ist daher Atheist. Der »Christusimpuls« reißt den Menschen vorwärts, treibt ihn ins Ungebahnte, Neue[75].

* = das Bestehende.

74 E. Bloch: Das Prinzip Hoffnung I, 1959, S. 1 ff., 224 f.

75 E. Bloch: Atheismus im Christentum, 1968, S. 15, 59 ff., 170 ff., 206 ff; *weitere* Texte des marxistischen Atheismus bei W.-D. Zimmermann: Die Welt soll unser Himmel sein, 2. Aufl. 1966.

C. DISKUSSION

1. Ist der Gott, den der Marxismus verneint, der christliche Gott oder eine Feindattrappe? Ist Gott ein schmerzstillendes Rauschgift, ein überhöhter Kapitalist oder ein Revolutionär? Ist Gott Zukunft, Vergangenheit oder Gegenwart?

Zugegeben: Die christliche Religion war nur zu oft *Opium fürs Volk*, sosehr sie das nach ihrem Selbstverständnis nicht sein sollte. Entgegen ihrem Auftrag hat sie nicht selten den notleidenden Menschen das Opium der Vertröstung auf ein besseres Jenseits verabreicht und so ihr Engagement, eine menschenwürdigere Welt zu schaffen, lahmgelegt. Sie hat Unzählige dazu verführt, magisch gebannt auf apokalyptische* Horizonte zu starren, statt ihr Schicksal in die Hand zu nehmen. Sie war vielleicht auch viel zu sehr verfilzt mit den Ausbeutern, um – gleich wie Jesus – Anwalt der Ausgebeuteten sein zu können. Das Rauschgift der Religion lähmte ihren Widerstandswillen und ließ sie ihr Elend vergessen. Der Glaube war ein Opium, das Paradiese vorgaukelt, während man immer mehr im Elend versank. Liegt es doch im Wesen eines Rauschgifts, das Gegenteil von dem, was es verspricht, zu bewirken.
Aber – so wird manch einer sagen – ebenso wie die Religion kann auch die Revolution Opium fürs Volk sein, das es in einen euphorischen Rauschzustand versetzen kann und die harte Wirklichkeit vergessen läßt. Der amerikanische Schriftsteller *E. Hemingway* (1899–1961) schreibt: »Religion ist Opium fürs Volk ... Ja, und Musik ist Opium fürs Volk.« »Patriotismus« ist auch ein »Opium fürs Volk«. »Für manche Leute« »war« der »Geschlechtsverkehr« »Opium fürs Volk«. »Suff war ein allmächtiges Opium fürs Volk.« Das »Glücksspiel« ist »eines der ältesten«. »Ehrgeiz war auch ... Opium fürs Volk.« Ebenso »Bildung«[76].

* Apokalyptisch = Erwartung des Weltendes und einer zweiten Welt.

76 E. Hemingway: Der Sieger geht leer aus, rororo 280, S. 106f.

Es gibt offenbar nichts, was nicht Opium fürs Volk sein könnte.
Der Vorwurf, Religion sei Opium für das Volk, dürfte zumindest dann entfallen, wenn sich – wie wir in II C 2 feststellten – das Jenseits im Diesseits ereignet, wenn der Himmel in keiner Über- und Hinterwelt, sondern in dieser Welt zu suchen ist. Wir sagten dort: Die neue Welt, die Gott einst bringt, ist keine Welt Nr. 2, sondern *diese unsere* Welt, die er erneuern wird (Römer 8,19–22) und die er schon jetzt erneuert.

Gott als leidender Proletarier

Der Gott, den der Marxismus bekämpft, ist nicht der Gott der Bibel, sondern eine Karikatur von ihm. Der Marxforscher *R. C. Tucker* schreibt: »Der Atheismus von Marx bedeutet ... nur die Verneinung eines außerweltlichen Gottes«, »nicht die Ablehnung eines höchsten Wesens.«[77] So gesehen trifft er gar nicht den christlichen Gott, sondern eine Feindattrappe, die er sich von ihm zurechtgemacht hat oder die ihm die damalige Theologie darbot. Denn der christliche Gott ist kein außerweltlicher oder überweltlicher Hochgott, sondern das Herz der Welt (vgl. oben II C 2). Er ist kein ferner Jenseitsgott, der als Fata Morgana den Menschen davon ablenkt, die Wüste seines Lebens zu bewässern. Sondern er stellt ihn in die Welt hinein. Der Gott des Christentums ist kein überhöhter Kapitalist, dessen Glück das Unglück der Menschen ist, sondern er wird selber unglücklich, um uns glücklich zu machen – am Kreuz. Dieser Gott *macht* nicht elend, er *wird* elend. Im Viehstall von Bethlehem und am Kreuzesgalgen, wo er unser Elend zu seinem Elend machte. Dieser Gott ist kein himmlischer Ausbeuter, der den Menschen arm macht, um selber reich zu sein, sondern er wird arm, um ihn reich zu machen (2. Korinther 8,9). In Jesus Christus. Er entfremdet* nicht den Menschen, sondern er entfremdet *sich selbst* (Philipper 2,7), um die Entfremdung des Menschen aufzuheben. Er veräußert nicht den Menschen, sondern sich selbst – um den Kaufpreis seines Blutes (1. Petrus 1,18 f.). Nicht die Spitze einer Herrschaftspyramide will er sein, sondern er ist heruntergestiegen auf ihre unterste Stufe, als er in dem Viehstall von Bethlehem Mensch wurde

* Entfremdung (siehe oben B), d. h. der Mensch ist sich selbst fremd.

77 R. C. Tucker: Karl Marx, 1963, S. 18.

und den Verbrechertod am Kreuz starb. Die Theologie nennt diesen »gesellschaftlichen Abstieg« Gottes *»Kondeszendenz«** Diese »Kondeszendenz Gottes« ist nach dem evangelischen Theologen *Ratschow* der »zentrale Punkt« der biblischen Gottesvorstellung. Der biblische Gott »ist *unten*«, nicht »oben«. (Ratschow) Der Marxismus übersieht das. Sonst hätte er Gott nicht im Namen des *Menschen* ablehnen können.

Gewiß, die marxistische Gegenthese ist mit dem christlichen Glauben nicht zu vereinbaren: »Der Mensch soll dem Menschen das höchste Wesen sein.« Aber in der Ratschowschen Abwandlung stimmt sie: *»Der Mensch ist für Gott das höchste Wesen.«*[78] (Psalm 8,6f.) *So viel* ist ihm der Mensch wert, daß er sein Blut für ihn vergießt. Der christliche Gott *entmenscht* nicht den Menschen – wie Marx annimmt, – sondern er wird *selber Mensch* und damit sein *Mitmensch*. Gott und Mensch sind in der Bibel keine Konkurrenten, sondern Gott macht den Menschen zu seinem *»Bundespartner«*, wie der evangelische Theologe *Karl Barth* (1886–1968) immer wieder betont. Barth redet vom »Humanismus Gottes«[79].

Der Marxismus, eine verkappte Religion?

R. C. Tucker meint, der Marxismus sei ein »religiöses System«, weil er – wie das Christentum – das verlorene Paradies zurückgewinnen will. Er sei eine Religion, weil es ihm um das *Heil*, nicht nur um das *Wohl* des Menschen zu tun ist, weil er für seine Erlösung, nicht etwa nur für einen höheren Lebensstandard kämpft. Wie das Christentum strebe der Marxismus »nach einem totalen Standpunkt«[80]. Wie das Christentum glaubt der Marxismus an eine *totale* Veränderung der Welt, an das grundstürzend *»Neue«*, an die *absolute* Zukunft, an eine Zukunft, die absolut schön, wahr und gut ist.

Religiös ist auch die letzte Hingabe, mit der sich der Marxist – wie der Christ – für seine Sache einsetzt und notfalls für sie in den Tod geht.

Daher wurde nicht zu Unrecht gefragt: Ist es nicht *dieselbe*

* = Heruntersteigen.

78 G. H. Ratschow: Atheismus im Christentum, 1972, S. 132, 143, 146, 148.
79 K. Barth: Die Menschlichkeit Gottes, 1956, S. 16, 23.
80 R. C. Tucker: Karl Marx, 1963, S. 18ff.

Sache, für die man hier und dort mit solcher Hingabe kämpft, nur daß man sie *verschieden* benennt? Ist es nicht gleichgültig, *wie* man diesen letzten Bezugspunkt nennt, ob »Gott«, ob das »absolut Neue« (Bloch), Hauptsache, man glaubt daran? Der Marxist und Atheist *M. Machovec* meint: Wenn Theologen wie *K. Rahner* Gott als die »absolute Zukunft« definieren, müßten sich die Marxisten fragen, ob sie überhaupt »noch Atheisten sind«[81]. Es gibt zu denken, wenn der Atheist Bloch das total »Neue« erhofft und wenn der katholische Theologe *Schillebeeckx* seinerseits Gott als den »ganz Neuen« umschreibt[82]. Kennt der Marxismus Gott unter anderem Namen und ohne sich dessen bewußt zu sein? Hat er eine anonyme Gotteserkenntnis?

Der Marxist möge dem Christen diese Frage nicht verübeln. Wenn er so fragt, will er ihn nicht »vereinnahmen«, sondern gerade bei seiner *eigenen Sache* behaften. Über der Gottesfrage hat man sich einst getrennt. Es ist nicht ausgeschlossen, daß man sich einmal über der Gottesfrage einigen wird. Das Grundproblem des christlich-marxistischen Dialogs ist die Frage, *wer* eigentlich dieser Gott ist, an den die einen glauben und den die anderen bekämpfen, wer eigentlich dieser Gott ist, von dem beide nicht loskommen.

Ist Gott ein Gott der Vergangenheit oder ist er – wie die Bibel sagt – »der Gott der Hoffnung« (Römer 15,13) und damit der Gott der Zukunft? Mit dieser Frage steht und fällt die christlich-marxistische Verständigung. Der Marxismus wäre schwerlich zum Atheismus geworden, wenn das Christentum sich immer zu diesem Gott der Zukunft bekannt hätte, wenn es immer diesen Gott, der die »Gewaltigen vom Thron stürzt und die Niedrigen erhöht« (Lukas 1,52), verkündigt hätte. Aber durch die Liaison von Thron und Altar wurde aus Gott ein himmlischer Monarch gemacht, der die gesellschaftliche Unterdrückungspyramide sanktioniert und darüber hinaus vielleicht da und dort ein wenig Puderzucker übers Elend streut. Womit nicht bestritten werden soll, daß es auch immer Theologen gab, die sich zu dem revolutionären Gott der Bibel bekannt haben, der die Letzten zu den Ersten macht (Markus 10,31).

81 M. Machovec: Jesus für Atheisten, 1972, S. 6.
82 E. Schillebeeckx: Concilium Jg. 5, 1969, S. 19ff.

Den letzten Halt, den jeder braucht

Viele Theologen behaupten, der heutige Mensch kenne Gott, ohne es zu wissen. Sein »Gottesbezug« sei »anonym geworden« (ev. Theologe *A. Peters*). Nach dem Soziologen *P. L. Berger* verrät sich dieser anonym gewordene Gottesbezug des heutigen Menschen in seinem «Hang zur Ordnung«, durch die er sich vor dem Chaos schützen will, und durch seine »Hoffnung«, die sich durch nichts unterkriegen läßt. Auf Schritt und Tritt entdecke man im Leben des heutigen Menschen solche »Zeichen der Transzendenz« [83].

Der Begriff Transzendenz kommt von dem lateinischen Zeitwort transcendere, das soviel wie hinüberschreiten heißt. Transzendenz ist das über den Menschen Hinausgehende, das die Welt Übergreifende, aus ihr Herausragende. Der Mensch braucht offenbar etwas, was über ihn hinausgeht und woran er sich halten kann, weil er auf schwankendem Boden steht. Etwas also, was er nicht selber ist und was ihn übergreift. Er braucht einen Haltegriff, weil er keinen festen Boden mehr unter den Füßen hat. Er braucht etwas Bleibendes im Wechsel, ob er religiös ist oder nicht. Der Atheist und Marxist Machoveč gibt das zu, wenn er feststellt: »Ohne irgendeine Transzendenz kann« der heutige Mensch »dem großen Nichts« und der »Sinnlosigkeit des Lebens nicht mehr trotzen« [84].

Wieder spitzt sich alles auf die Frage im christlich-marxistischen Dialog zu: Was ist unter dieser Transzendenz zu verstehen?

2. Ist die Welt durch Revolutionen besser geworden? Wurde durch die Abschaffung des Privateigentums an Produktionsmitteln die Entfremdung des Menschen beseitigt? Können Christen und Marxisten voneinander lernen? Gibt es einen christlichen Sozialismus?

Wir zogen im Teil 1 das Fazit: Die marxistisch-christliche Kontroverse aus dem 19. Jahrhundert wird sozusagen vom bibli-

83 P. L. Berger: Auf den Spuren der Engel, 1972.

84 M. Machovec in: Club Voltaire III, 1969, S. 289; Näheres zum latenten Theismus des Atheismus und zur profanen Religiosität des modernen Menschen in: H. G. Pöhlmann: Abriß der Dogmatik 2. Auflage 1975, S. 87ff., 100ff., 296ff.

schen Gottesbegriff überholt. Der Atheismus ist kein Absprungbrett in die Zukunft, er kann aber sehr wohl eine Rutschbahn ins Vorgestern sein. Um auf eine bessere Welt zu hoffen, muß man kein Atheist sein. Das Christentum teilt diese Hoffnung mit dem Marxismus.

Die betrogene Hoffnung

Doch die Hoffnung wurde betrogen. Die Revolutionen hielten nicht, was sie versprachen. Das Paradies der klassenlosen Gesellschaft blieb aus. Die Entfremdung des Menschen wurde nicht beseitigt. An die Stelle alter Entfremdungen traten neue, die Herrschaftspyramide blieb, sie wurde lediglich umgestülpt. Die alten Unterdrückungssysteme wurden durch neue ersetzt. *Alexander Solschenizyns* »Archipel Gulag« ist ein Dokument dieser betrogenen Hoffnung. Der Vorwurf der *Vertröstung auf ein illusionäres Paradies*, den der Marxismus einst gegen das Christentum erhoben hat, wird bezeichnenderweise heute dem Marxismus selber gemacht.

Das Gesagte soll nicht darüber hinwegtäuschen, daß der Marxismus – vor allem in Form des demokratischen Sozialismus des Westens – das soziale Unrecht des Arbeiters gewendet und ihm weithin ein Selbstwertgefühl zurückgegeben hat. Antikommunistische Vorurteile haben zu Unrecht den Blick getrübt für das, was hier an kleinen Schritten vorwärts hin auf eine menschlichere Welt getan wurde. Auch im Ostblock. Man denke an das dortige Bildungs- und Gesundheitswesen. Man vergleiche China und Indien und das, was hier und dort gegen den Hunger getan wurde. Viele, denen an einer marxistisch-christlichen Verständigung gelegen ist, meinen, man sollte endlich damit aufhören, sich gegenseitig die Inkonsequenzen der Vergangenheit vorzuhalten. Daran ist zumindest richtig, daß das Christentum kein Recht hat, dem Marxismus die Greuel des Stalinschen Terrors vorzuwerfen, da es doch selber Millionen Andersdenkender in Glaubenskriegen und durch die Inquisition hingemordet hat. Es wird Zeit, daß man aufhört, sich im Kreise unmoralisch zu schelten, und daß man sich von seiner Vergangenheit löst, um gemeinsam die Zukunftsaufgaben der Menschheit zu bewältigen.

Gerade von seiner *Sache* her müßte sich das Christentum vom Marxschen System in Frage stellen lassen. Ohne nur im geringsten die Verbrechen des Stalinismus und die Unterdrükkung Andersdenkender in den Ostblockstaaten zu bagatellisieren, und ganz abgesehen davon, was die Marxisten aus der

Abschnitt IV

DIE ABLEHNUNG GOTTES IM NAMEN DES LEBENS

Der vitalistische* Atheismus
F. Nietzsche – A. Gide

* Der Vitalismus geht vom Leben als dem letzten Richtwert aus (vom lat. vita = Leben). Der Begriff »Vitalismus« wird hier im *weiteren* Sinne verstanden.

A. EINSTIEG

»Sauhund! Schau mich nur an, du! Mit deinen runden Augen in deinem mit Himbeersaft beschmierten Gesicht.« »Sie sind gekommen, was, heute morgen, die heiligen Frauen, die alten Vetteln, mit ihren schwarzen Röcken. Sie sind in ihren großen Schuhen um dich herumgeschlüpft ... Du warst zufrieden, gelt, du Vogelscheuche, du liebst sie, die Alten, je mehr sie Toten gleichen, desto lieber sind sie dir.« »Modergerüche steigen aus ihren Röcken zu deiner Nasenspitze empor: noch jetzt kitzeln die köstlichen Düfte deine Nüstern.« »So. Und jetzt rieche mich, rieche den Duft meines frischen Fleisches. Ich bin jung, ... und ich bin lebendig, das muß dich anekeln. Ich komme auch, um dir meine Gabe darzubringen, während die ganze Stadt betet. Da schau her: Abfälle, und die ganze Asche des Herdes, und alte Fleischstücke, die von Maden wimmeln, und verschimmeltes Brot, das unsere Schweine nicht wollten; aber sie werden es gern haben, deine Fliegen. Ein schönes Fest, ein recht schönes Fest, und hoffentlich ist es das letzte. Ich bin nicht mehr stark und ich kann dich nicht umstürzen. Ich kann dich anspucken, das ist alles was ich tun kann.« »Der Gott der Toten. Das Grauen und das Blut auf dem Gesicht und das schattige Grün der Augen, alles nur Lack, gelt?« »Du weißt, daß dich ein Säbelhieb glatt auseinanderspalten wird und daß du nicht einmal bluten kannst. Holz, nichts als Holz, das brennt gut.«

Dieses »Gebet« Elektras vor der Jupiterstatue* ist dem Drama *J. P. Sartres* (VI B 1) »Die Fliegen«[87] entnommen. Es trifft das Anliegen des vitalistischen Atheismus, der gegen die Religion im Namen des *Lebens* protestiert. Er meint: Die Religion

* Jupiter oder Zeus ist ein römischer und griechischer Gott.

87 J. P. Sartre: Dramen 1954, S. 19f.

stranguliert das Leben und macht mit dem Tod ein Geschäft. Doch es geht dem vitalistischen Atheismus vor allem um den Nachweis: Gott ist nicht nur ein »Gott der Toten«, er ist selber tot.

B. INFORMATION

1. Friedrich Nietzsche: Der Gott am Kreuz ist ein Fluch auf das Leben

Der Philosoph* *Friedrich Nietzsche* (1844–1900) zeigt sich stark beeinflußt von *A. Schopenhauers* Willensphilosophie (»Die Welt als Wille und Vorstellung«), aber auch von *M. Stirners* Ich-Philosophie (»Mir geht nichts über Mich«). Im Unterschied zu den anderen hier besprochenen Atheismustypen (I–III, V–VII) ist Nietzsches Atheismus antihumanistisch und »egoistisch« orientiert. Seine Verherrlichung des »Willens zur Macht« und seine Verachtung der »Vielzuvielen« trennt ihn in gleicher Weise von der allgemeinen Menschenliebe Feuerbachs wie vom marxistischen Gleichheitsprogramm (II B 1; III B). Aber auch der Aufklärung und dem Rationalismus (I B) steht er ablehnend gegenüber, wie sein Haß auf die »Vernunft-Spinne« zeigt. Nietzsche hat nachhaltig auf die Lebensphilosophie**und Existenzphilosophie*** (VI B) gewirkt. Aber auch andere Weltanschauungen, wie der Nationalsozialismus, zeigen sich stark von seinem Denken beeinflußt.
Dadurch soll nicht der Wert seiner Philosophie herabgemindert werden. Seine leidenschaftliche Sprache und seine demaskierende Aufrichtigkeit gehen auch dem heutigen Menschen »unter die Haut«.
Wir skizzieren u. a. einige Gedankenlinien seiner Frühschrift

* Philosophie = wörtlich Liebe zur Weisheit. Sie will die letzten Zusammenhänge der Wirklichkeit ergründen.
** Eine Wirklichkeitsschau, die vom unmittelbaren Erleben ausgeht.
*** Eine Art des Philosophierens, die alles von der menschlichen Existenz (d. h. vom Dasein des Menschen) her deutet. Näheres unten VI B.

»Die Geburt der Tragödie aus dem Geiste der Musik« (1872), sowie seiner späteren Werke »Die fröhliche Wissenschaft« (1882), »Also sprach Zarathustra« (1883 ff.) und »Der Wille zur Macht« (nach seinem Tod 1906 herausgegeben).

Die Großtat des Gottesmordes

Wie sehr Nietzsche zwischen einem wehmütigen und einem militanten Atheismus schwankt, erweist die Geschichte vom »tollen Menschen«: »Habt ihr nicht von jenem tollen Menschen gehört, der am hellen Vormittag eine Laterne anzündete, auf den Markt lief und unaufhörlich schrie: ›Ich suche Gott! Ich suche Gott!‹ – Da dort gerade viele von denen zusammen standen, welche nicht an Gott glaubten, so erregte er ein großes Gelächter. ›Ist er denn verlorengegangen?‹ sagte der eine. – ›Hat er sich verlaufen wie ein Kind?‹ sagte der andere. – ›Oder hält er sich versteckt? Fürchtet er sich vor uns? Ist er zu Schiff gegangen, ausgewandert?‹ – so schrien und lachten sie durcheinander. Der tolle Mensch sprang mitten unter sie und durchbohrte sie mit seinen Blicken. ›Wohin ist Gott?‹ rief er. ›Ich will es euch sagen! *Wir haben ihn getötet* – ihr und ich! Wir alle sind seine Mörder! Aber wie haben wir dies gemacht? Wie vermochten wir das Meer auszutrinken? Wer gab uns den Schwamm, um den ganzen Horizont wegzuwischen? Was taten wir, als wir diese Erde von ihrer Sonne losketteten? Wohin bewegt sie sich nun? Wohin bewegen wir uns?« »Stürzen wir nicht fortwährend?« »Irren wir nicht wie durch ein unendliches Nichts? Haucht uns nicht der leere Raum an? Ist es nicht kälter geworden? Kommt nicht immerfort die Nacht und mehr Nacht? Müssen nicht Laternen am Vormittag angezündet werden?« »Gott ist tot! Gott bleibt tot! Und wir haben ihn getötet! Wie trösten wir uns, die Mörder aller Mörder? Das Heiligste und Mächtigste, was die Welt bisher besaß, es ist unter unsern Messern verblutet – wer wischt dies Blut von uns ab? Mit welchem Wasser könnten wir uns reinigen? Welche Sühnefeiern, welche heiligen Spiele werden wir erfinden müssen? Ist nicht die Größe dieser Tat zu groß für uns? Müssen wir nicht selber zu Göttern werden, um nur ihrer würdig zu erscheinen? Es gab nie eine größere Tat.« – »Man erzählt noch, daß der tolle Mensch desselbigen Tages in verschiedene Kirchen eingedrungen sei und darin sein Requiem aeternam deo* angestimmt habe. Hinausgeführt und zur Rede gesetzt,

* Gemeint ist die Totenmesse für Gott.

habe er immer nur dies entgegnet: ›Was sind denn diese Kirchen noch, wenn sie nicht die Grüfte und Grabmäler Gottes sind?‹«[88]

Der Übermensch als Ersatzgott

Die »Größe dieser Tat« läßt den Menschen so »groß« werden, daß er über sich hinaus wächst, daß er zum »Übermenschen« wird. Dadurch wurde er endlich wie Gott. Wie könnte er es ertragen, daß es einen gibt, der größer ist als er. »Wenn es Götter gäbe, wie hielte ich's aus, kein Gott zu sein?«[89] Die »Götter« müssen sterben, »daß der Übermensch lebe«. »Seit (Gott) im Grabe liegt, seid ihr erst wieder auferstanden«[90].

Der Atheismus seit der Aufklärung ging von der These aus: Gott ist tot, damit der Mensch lebe, damit der Mensch wieder Mensch wird, damit der Mensch wieder menschlich wird. Anders Nietzsches Argumentation: Gott ist tot, damit der *Übermensch* lebe. »Der Mensch« ist für ihn »etwas, das überwunden werden soll«[91]. Nicht der *Mensch* rückt an die Stelle Gottes, sondern der *Übermensch*, der sich rücksichtslos über seine Mitmenschen hinwegsetzt. Stolz erhebt sich der »neue Adel«[92] der Machtmenschen über die »Viel-zuvielen«. Die alten Gebotstafeln werden zerbrochen. Die »neue Tafel« Nietzsches lautet: »Werdet hart!«[93] Die christliche Ethik* der Nächstenliebe wird ersetzt durch die Ethik der Härte. Gut ist, was stark macht, böse, was schwach macht.

Gott als Erfindung der Schwachen

Nur schwache Menschen, die mit dem Leben nicht fertig werden, erfinden einen übermenschlichen Helfer. »In jede Lücke hatten sie ihren Wahn gestellt, ihren Lückenbüßer, den sie Gott nannten.«[94] Religion ist ein »Schwächegefühl«. »Der Glaube ist immer dort am meisten begehrt, am dringlichsten

* = Sittenlehre.

88 F. Nietzsche: Die fröhliche Wissenschaft, München: Goldmann Verlag 1959, S. 166f.
89 F. Nietzsche: Also sprach Zarathustra, Kröners Taschenausgabe Bd. 75, S. 91.
90 F. Nietzsche, a. a. O. S. 70, 255.
91 F. Nietzsche, a. a. O. S. 9.
92 F. Nietzsche: Die Unschuld des Werdens, Kröners Taschenausgabe Bd. 83, S. 177.
93 F. Nietzsche: Also sprach Zarathustra, Vollmer Verlag, S. 190.
94 F. Nietzsche: Also sprach Zarathustra, Vollmer Verlag, S. 80.

nötig, wo es an Willen fehlt: Denn der Wille ist, als Affekt des Befehls, das entscheidende Abzeichen der Selbstherrlichkeit und Kraft. Das heißt, je weniger einer zu befehlen weiß, um so dringlicher begehrt er nach einem, der befiehlt, ... nach einem Gott, Fürsten, Stand, Arzt, Beichtvater, Dogma, Parteigewissen.« Religion ist »Erkrankung des Willens«[95].

Das Christentum als Verschwörung gegen das Leben

Der Übermensch wird verstanden als der Mensch mit *starkem Lebenswillen.* Nietzsches Gegenformel gegen Gott ist das *»Leben«.* »Gott wurde erfunden als Gegensatzbegriff zum Leben.« Er bedeutet so viel wie »Abkehr« vom und »Widerspruch« zum Leben[96]. Denn Gott ist ein eifersüchtiger Despot, der dem Menschen das Leben mißgönnt. Der »ehrsüchtige Orientale im Himmel« verlangt vom Menschen »Zerknirschung, Entwürdigung, Sich-im-Staube-wälzen«[97]. Die »gläubige Speichelleckerei« und »Schmeichel-Bäckerei« ist bezeichnend für diesen »Gott der Heerscharen«[98]. Er duldet nur schwache, häßliche und rückgratlose Kreaturen um sich herum, der starke, schöne und aufrechte Mensch ist ihm ein Greuel.

Aber ging nicht dieser Despot ans Kreuz, um selber zu leiden? Um so schlimmer für ihn. Nichts hat so sehr Nietzsches wilden Haß erregt als der gekreuzigte Gott. Er besiegelt ja die Lebensfeindlichkeit des Christentums. »Der Gott am Kreuz ist ein Fluch auf das Leben.«[99] Nietzsche empfindet »das Kreuz« Jesu als »Verschwörung gegen das Leben«. Das Christentum ist für ihn eine Bewegung, die aus dem »Ressentiment«[100]* von Zukurzgekommenen entstanden ist. Es verkörpert für ihn »das Lebensfeindliche« schlechthin, »den ingrimmigen rach-

* = heimlicher Neid.

95 F. Nietzsche: Die fröhliche Wissenschaft, München: Goldmann Verlag S. 281 f.

96 F. Nietzsche: Kröners Taschenausgabe Bd. 77, S. 408; Bd. 78, S. 108; Bd. 77, S. 208.

97 F. Nietzsche: Die fröhliche Wissenschaft, München: Goldmann Verlag S. 173

98 F. Nietzsche: Also sprach Zarathustra, Kröners Taschenausgabe Bd. 75, S. 195.

99 F. Nietzsche: Der Wille zur Macht, Kröners Taschenausgabe Bd. 78, S. 688.

100 F. Nietzsche, a. a. O. S. 130.

süchtigen Widerwillen gegen das Leben selbst«. Das »Christentum war von Anfang an ... Ekel und Überdruß des Lebens am Leben, welcher sich unter dem Glauben an ein ›anderes‹ oder ›besseres‹ Leben nur verkleidete, nur versteckte, nur aufputzte. Der Haß auf die ›Welt‹, der Fluch auf die Affekte*, die Furcht vor der Schönheit und Sinnlichkeit, ein Jenseits, erfunden, um das Diesseits besser zu verleumden[101]«.
Entsprechend ist das Leben für Nietzsche etwas rein Diesseitiges, nur Lebensmüdigkeit konnte ein Leben im Jenseits schaffen. »Bleibet der Erde treu und glaubt denen nicht, welche euch von den überirdischen Hoffnungen reden! Giftmischer sind es ...«[102].
Nur kranke und dümmliche Menschen konnten sich nach Nietzsches Meinung die Geschmacklosigkeit eines gekreuzigten Gottes ausdenken. Es war ein nicht wieder gutzumachendes Unglück für die Menschheit, daß 2000 Jahre lang die Kranken die Gesunden, die Triebschwachen die Triebstarken, die Häßlichen die Schönen und die Rückgratlosen die Stolzen unterdrücken konnten. Nietzsche schwingt deshalb so leidenschaftlich seine Wortgeißel gegen das Christentum, weil es seiner Meinung nach ein einziges Attentat auf das Leben ist!

Was heißt Leben?

Die Antwort Nietzsches auf diese Frage ist vielfältig. Leben wird begriffen als »ein Born der Lust«[103], es drückt sich in »starken ... Leidenschaften aus«[104], von der Sexualität[105] bis hin zur »Überwältigung des ... Schwächeren«[106]. »Das Wesen des Lebens« ist der »Wille zur Macht.«[107] Von daher wird das Leben als etwas im Kern »Ungerechtes« verstanden[108]. »Jesus

* = Leidenschaften.

101 F. Nietzsche: Die Geburt der Tragödie, München: Goldmann Verlag S. 15.
102 F. Nietzsche: Also sprach Zarathustra, Vollmer Verlag, S. 10.
103 F. Nietzsche: Also sprach Zarathustra, Kröners Taschenausgabe Bd. 75, S. 103, 228.
104 F. Nietzsche: Der Wille zur Macht, Kröners Taschenausgabe Bd. 78, S. 178.
105 F. Nietzsche, Kröners Taschenausgabe Bd. 77, S. 345.
106 F. Nietzsche, Kröners Taschenausgabe Bd. 76, S. 199.
107 F. Nietzsche, Kröners Taschenausgabe Bd. 76, S. 311.
108 F. Nietzsche: Die Unschuld des Werdens, Kröners Taschenausgabe Bd. 83, S. 273.

hätte leben ... und die Erde lieben gelernt – und das Lachen dazu, wäre er fern geblieben von den Guten und Gerechten.«[109] Aber weil er ans Kreuz ging, setzt Nietzsche der christlichen eine »antichristliche« Lebensanschauung entgegen, die er auch die »dionysische«[110] nennt. Dionysos war der griechische Gott des Weines, des Rausches und der Fruchtbarkeit. Er verkörpert für Nietzsche die wilde, überschäumende Lebensfreude, die durch das Christentum abgedrosselt wurde. Dionysos gegen den Gekreuzigten!

Der unbekannte Gott

Neben dem Übermenschen und dem Leben gibt es bei Nietzsche noch andere Richtwerte, die an die Stelle Gottes rücken, wie etwa das Schicksal. Doch der Atheismus Nietzsches ist nicht eindeutig, wie sein Gebet an den »unbekannten Gott« zeigt. (»Unnennbarer! Verhüllter! Entsetzlicher! ... grausamster Jäger, du unbekannter Gott! ... Nicht töten willst du, nur martern, martern?«)[111]

2. André Gide: Mensch oder Gott!

Der französische Schriftsteller *André Gide* (1869–1951) wurde u. a. nachhaltig von Goethe und Nietzsche geprägt. Von Goethe stammt sein Humanismus*, »Nietzschehaft klingt sein Lobgesang auf das Leben.« (Klaus Mann)[112] Bezeichnend ist sein Wunsch: »Ich möchte ins Grab steigen, den Körper noch heiß von Wollust«[113]. Gide bekannte sich 1924 öffentlich zur Homosexualität. Die rücksichtslose Aufrichtigkeit Gides ist auch ein Wesenszug, der an Nietzsche erinnert. Der Mensch

* = Geistesgeschichtliche Bewegung mit dem Ziel edler Menschlichkeit.

109 F. Nietzsche: Also sprach Zarathustra, Kröners Taschenausgabe Bd. 75, S. 78.
110 F. Nietzsche: Die Geburt der Tragödie, München: Goldmann Verlag S. 16.
111 F. Nietzsche: Also sprach Zarathustra, Vollmer Verlag, S. 223.
112 Bei Claude Martin: André Gide, rowohlt monographien 89, S. 154.
113 Bei Claude Martin, a. a. O. S. 141.

muß um jeden Preis sich selbst treu sein: »Zweifelt an allem, aber zweifelt nicht an euch selbst!«[114] Gide ist darin der Vater des Existentialismus, daß er alles von der menschlichen Existenz her deutet (Näheres VI B). Der Mensch schafft sich selbst. Er schafft sich auch selber seine Moralmaßstäbe. Es kommt zu einer Umwertung der Werte – ähnlich wie bei Nietzsche. Der Mut ist für Gide die größte Tugend, der Mut, sein Leben zu leben. Alles, was den Menschen daran hindert, sein eigenes Leben zu leben, wie etwa die Familie, die bürgerliche Moral und die Religion, wird abgelehnt. Es gab aber auch religiöse Phasen in Gides Leben.
Gides Ablehnung der Religion im Namen des Lebens soll hier kurz an zwei Beispielen aus seinem frühen und späten Werk erläutert werden, der »Rückkehr des verlorenen Sohnes« (1907) und des »Theseus« (1946).

Der goldene Käfig der Religion

In der Erzählung »Die Rückkehr des verlorenen Sohnes«[115] deutet Gide das biblische Gleichnis vom verlorenen Sohn radikal um (Lukas 15,11–32): Der verlorene Sohn kehrt heim aus der Freiheit in den goldenen Käfig der religiösen Altersversorgung. Er tauscht die herrliche Freiheit des Abenteurers gegen die muffige Sicherheit des Elternhauses, das die Religion versinnbildet. Feige »unterwirft« er sich der Familiendisziplin: »Ich hatte nicht den Mut, länger zu kämpfen.« Das schale Freudenmahl, das man ihm bereitet, kann freilich den »wilden Geschmack der süßen Eicheln«, der in seinem Mund geblieben ist, nicht »auflösen«. Gide erfindet noch einen dritten jüngeren Sohn, der es anders machen will als sein heimgekehrter Bruder. Heimlich entflieht er aus dem verhaßten Elternhaus. Er will sich seinen »Hochmut« bewahren und nie wieder heimkehren. Lieber gefährlich leben und zugrunde gehen, als dieses säuerliche Spießerdasein fristen, lieber aus dem vollen leben und dann vor die Hunde gehen, als auf Sparflamme leben! Er geht »ohne alles« weg, getrieben vom unstillbaren »Durst« nach Leben. Die Abschiedsworte des heimgekehrten zum scheidenden jüngeren Bruder drücken nochmals die Resignation des zweimal verlorenen Sohnes aus: »Laß mich; ich will bleiben ... ohne mich wirst du tapferer

114 Bei Claude Martin, a. a. O. S. 146.
115 André Gide: Die Rückkehr des verlorenen Sohnes, Insel-Bücherei 143.

sein ... Du nimmst alle meine Hoffnungen mit dir. Sei stark. ... Mögest du nicht wieder kommen.«

Interessant an dieser Erzählung ist die Rolle des Vaters, der für Gott steht, und des ältesten Sohnes, der die Kirche symbolisiert. »Wer den Vater verstehen will, hat auf mich zu hören«, sagt der älteste Sohn, der als Sachwalter der »Ordnung« auftritt. Der schwächliche alte Vater scheint genauso ein Gefangener des ältesten Sohnes zu sein wie sein heimgekehrter Bruder. Die Kirche ist nach Gide nicht nur ein Gefängnis des Menschen, sondern auch ein Gefängnis Gottes.

Der Glaube an die Erde

Die Erzählung »Theseus«[116] handelt von dem gleichnamigen griechischen Sagenhelden, der den Tier-Menschen Minotaurus getötet hat. Wieder wird ein Stoff der Tradition umgedeutet und in die – für André Gide so charakteristische – ironische Schwebe gebracht.

Im Rückblick auf sein Leben berichtet Theseus von seinen Heldentaten und Liebesabenteuern. Er zieht das Fazit: »Die ersten und wichtigsten Siege des Menschen waren die über die Götter. Mensch oder Gott.« Der Tatmensch Theseus nimmt sein Schicksal in die eigene Hand. Er versinnbildlicht den »Eroberer«[117] und Abenteurer. Denn das Leben ist nur lebenswert, wenn man nicht stehen und stecken bleibt, sondern immer unterwegs ist zur »Zukunft«, wenn man sich nicht aufhalten läßt durch ein Ungeheuer, das man überwältigt hat, oder eine Frau, die man erobert hat. »Drauflos, aber dann weiter!« lautet die Devise. Die Jagd ist es, die Spaß macht, weniger die Beute. Der Mensch ist nur Mensch, wenn er nach immer neuem Glück jagt. Wie sehr die religiösen Horizonte ausgeblendet werden, erweist die abschließende Begegnung von Theseus mit einer anderen griechischen Sagengestalt, Ödipus. Ödipus, der sich selbst geblendet hat, um das »übernatürliche Licht« zu sehen, ist für Gide der Typ des religiösen Menschen. Ödipus meint: »Erst seitdem meine leiblichen Augen durch meine eigene Hand der Welt des Scheins entzogen sind, habe ich ... angefangen, wirklich zu sehen.« Er erkannte, die »Außenwelt« ist nur eine »Illusion«, die »wahre Welt« besteht in »Gott«. »Man muß aufhören, die Welt zu sehen, um Gott zu schauen.« Theseus entgegnet: »Lieber Ödipus, ... ich

116 André Gide, Theseus, dtv 31.

117 André Gide: Die Rückkehr des verlorenen Sohnes, a. a. O. S. 36.

kann diese Art übermenschlicher Weisheit nur loben, zu der du dich bekennst. Aber mein Denken kann dir auf diesem Wege nicht folgen. Ich bleibe ein Kind dieser Erde und glaube, daß der Mensch ... die Karten ausspielen muß, die er in der Hand hat.« Für Ödipus tritt Gott an die Stelle der Welt, für Theseus tritt die Welt an die Stelle Gottes. Für ersteren ist die Welt eine Illusion und Gott die einzige Realität, für letzteren Gott eine Illusion und die Welt die einzige Realität. Theseus, der Typ des religionslosen Menschen, geht nach Gide nicht mit blinden, sondern mit offenen Augen durch die Welt. Für den »Idealisten« Ödipus ist der Weltverlust der Preis für den Glauben[117a].

C. DISKUSSION

1.	Ist ein Christ glücklich oder selig? Muß er seine Lebensfreude auf Sparflamme zurückdrehen oder lebt er aus dem vollen? Liebt er das Leben oder liebt er den Tod? Vergällt Gott das Glück des Menschen oder gibt er es ihm oder ist er es selber?

Der irische Schriftsteller G. B. Shaw (1856–1950) stellt ein bekanntes Bibelwort (Matthäus 5,6) auf den Kopf, um die Situation der Menschen von heute zu charakterisieren: »In welchem Tempel sie auch ... ihre Sonntagskleider zur Schau tragen mögen«, sie »hungern und dürsten, aber nicht nach Gerechtigkeit, sondern nach guter Kost und Komfort, nach gesellschaftlicher Stellung und anziehenden Gefährten, nach Behagen und Genuß ...«[118]

Der Wunsch, lang und schön zu leben

Die Menschen von heute wollen *glücklich*, nicht *selig* sein. Das Argument gegen Nietzsche, Gide und andere, das Chri-

117a *Weitere* Vertreter eines vitalistischen Atheismus sind Ludwig Marcuse: Philosophie des Glücks, 1972, und H. de Montherlant, Tagebücher 1930–1944, dtv 572.

118 Shaw-Brevier, insel-taschenbuch 159, S. 209.

stentum sei nicht lebensfeindlich, da es doch den Menschen das *»ewige Leben«* verspreche, verfängt nicht mehr. Begriffe wie »ewiges Leben«, »ewige Seligkeit« lassen ihr Herz nicht schneller schlagen, sondern sie erwecken eher Langeweile. Sie wollen kein »ewiges Leben«, sondern sie wollen möglichst lang und schön hier auf Erden leben.

Die – von Nietzsche beeinflußte – französische Schriftstellerin *Simone de Beauvoir* (geb. 1908) beschreibt diesen Wunsch des heutigen Menschen, lang und schön zu leben, in ihrem Roman »Alle Menschen sind sterblich«[119]: Dem Helden des Romans, Fosca, wird auf geheimnisvolle Weise die Gabe der Unsterblichkeit verliehen. Im 13. Jahrhundert geboren, lebt er über 600 Jahre in wechselnden Rollen, als Lenker eines italienischen Staates, als Berater der Kaiser Maximilian und Karl V., als Entdeckungsreisender, Lebemann und Revolutionär. Ein Genuß- und Gewaltmensch, »ohne Gottesfurcht« und »ohne Gesetz«, ganz sein »eigener Herr«, der »nur an die Erde dachte« und dem sie alle Wünsche in Erfüllung gehen ließ. Ganz der Übermensch Nietzsches! Doch das Fazit des Romans überrascht: Obschon Fosca alle Genüsse des Lebens durchprobiert hat, langweilt er sich. Je mehr Glücksgüter er konsumiert, desto unglücklicher wird er. Immer wieder kommt er zu der Erkenntnis, daß die Sehnsucht des Menschen nach Glück unerfüllt bleibt. Fosca wird schließlich in eine Anstalt eingewiesen.

Ist das Glück etwas Heidnisches?

Diese Geschichte von Fosca wurde hier nicht wiedergegeben, um das Glück dieser Welt schlecht zu machen. Das würde ja genau Nietzsches Einwand gegen das Christentum bestätigen, es sei aus dem Ressentiment der Schlechtweggekommenen entstanden, denen die Trauben zu sauer waren.

Der Vorwurf Nietzsches, das Christentum sei lebensfeindlich, trifft nicht das *Christentum* des *Neuen Testamentes* – wenn auch auf weiten Strecken das der *späteren Kirchengeschichte*. Der Wunsch des Menschen, schön und lange zu leben, wird vom Neuen Testament nicht verworfen, sondern – im Gegenteil – erfüllt. Erfüllt freilich, indem er überboten wird und die zu kurz zielenden Glückshoffnungen des Menschen über sich hinausgeführt werden. Sie sind gleichsam Punkte, die zu einer Linie ausgezogen werden, die ins volle und letzte Glück

119 S. de Beauvoir: Alle Menschen sind sterblich, rororo 1302/3.

führt. Dadurch soll das kleine Glück des Menschen nicht abgewertet werden, es ist als – wenn auch unscheinbarer – Punkt Bestandteil der großen Linie. Alle Glücksmomente in unserem Leben von der Liebe zwischen Mann und Frau bis zum Kinderlachen, zur Musik und zu beruflichen Erfolgserlebnissen sind Punkte, ohne die nicht die punktierte Linie entstehen könnte, die auf das letzte Glück zeigt. Um den oben genannten Wunsch des modernen Menschen, lang und schön zu leben, noch einmal aufzunehmen: Es ist nicht *falsch*, lang und schön leben zu wollen, aber es ist *zu wenig*. Die Glückssehnsucht des Menschen ist zu groß, als daß sie durch das Glück dieser Welt gestillt werden könnte (Simone de Beauvoir's Fosca)! Als Wegweiser hin auf das letzte Glück ist das kleine Glück des Menschen aber außerordentlich wichtig. *D. Bonhoeffer* schreibt: »Niemals hat Jesus die Gesundheit, die Kraft, das Glück eines Menschen an sich in Frage gestellt und wie eine faule Frucht angesehen; warum hätte er sonst Kranke gesund gemacht, Schwachen die Kraft wiedergegeben?«[120] Jesus war kein säuerlicher Asket, sondern ein lebensfroher Mensch. Sonst hätte er nicht so gerne an Gastmählern teilgenommen und auf einer Hochzeit Wasser in Wein verwandelt (Johannes 2,1 ff.). Daß das neutestamentliche Christentum nicht weltfremd ist, sondern die Güter dieser Welt bejaht, erweist auch das Wort des Paulus: »Alles gehört euch«, die »Welt«, das »Leben ...« Er fügt freilich hinzu: »Ihr aber gehört Christus« (1. Korinther 3,21–23). Die Welt gehört euch, ihr aber gehört nicht der Welt.
Warum sagt das Neue Testament Ja zur Welt? Weil sie *Schöpfung* Gottes ist, vor allem aber, weil Gott in Jesus Christus selber Welt geworden ist (Johannes 1,14)[121]. Auch die neue Welt, die Jesus uns verheißen hat, ist keine Welt Nr. 2, *sondern diese unsere Welt*, die einst erneuert wird (2. Petrus 3,13; Römer 8,19 und 21 f.). Der Christ bleibt also mit seinen Hoffnungen immer in dieser Welt.
Die Frage, ob der Christ selig oder glücklich ist, ist falsch gestellt. In der Sprache der Bibel sind die Begriffe »selig« und »glücklich« austauschbar. Der Selige ist der Glückliche. Heil

120 D. Bonhoeffer: Widerstand und Ergebung, 10. Aufl. 1959.
121 Zur näheren Begründung, daß Gott nicht nur Mensch, sondern *Welt* geworden ist, siehe H. G. Pöhlmann: Abriß der Dogmatik, 2. Aufl. 1975, S. 116 f.

und Lebensfreude gehören in der Bibel – zumal im Alten Testament – untrennbar zusammen. Gerade der Glaubende wird sich seines Lebens freuen, da es doch nichts weniger als ein *Geschenk* Gottes ist. Ja, Gott *gibt* es nicht nur, er *ist* selber das Leben; in Jesus Christus (Johannes 14,6), der nach dem christlichen Glauben durch seinen Tod den Tod getötet hat. Nietzsches »Ich lechze nach Leben«, die Sehnsucht des Menschen nach unzerstörbarem Leben, wurde von Christus erfüllt.

Gott ist nicht der Widerspruch zum Leben, sondern das *Leben selbst*. Für den von Nietzsche beeinflußten Philosophen *H. Bergson* (1859–1941) ist Gott der »élan vital«, der »Lebensschwung«, von dem alles Leben kommt, die Stoßkraft, von der sich das Leben wie eine unendliche Woge über die Welt ausbreitet (vgl. Apostelgeschichte 17,27 und 28).

Der unerfüllte Glückshunger

Doch die Glückswellen werden immer schwächer, je weiter sie sich von ihrer Mitte, von der sie herkommen, entfernen. Anders und mit dem Fazit des oben besprochenen Romans »Alle Menschen sind sterblich« von S. de Beauvoir gesagt: Alles Glück dieser Welt reicht nicht aus, um den unbändigen Glückshunger des Menschen zu stillen. Der Mensch ist nie zufrieden mit dem Glück, das er erreicht hat, er jagt – wie der Theseus Gides – immer nach neuem Glück. Sein Glückshunger zielt auf ein letztes Glück, das er nie erreicht. Selbst unsere Wohlstands- und Überflußgesellschaft konnte diesen Glückshunger nicht stillen. Man meinte, das volle Glück würde sich mit der Beseitigung der gesellschaftlichen Triebversagungen einstellen. Sie sind heute weithin beseitigt; trotzdem ist der Mensch nicht glücklicher geworden. Daß das Glück eine störanfällige Sache ist, beruht auf einer Menschheitserfahrung, wie die Sprichwörter zeigen: »Glück und Glas, wie leicht bricht das.« »Das Glück gleicht dem Ball. Es steigt zum Fall.«

Langeweile mitten im Überfluß

Der moderne Mensch ist inmitten seiner Glücksgüter unglücklich, man sagt sinnigerweise: er ertrinkt im Überfluß. Warum? Weil die Perfektion des Glücks – wie jede Perfektion – Langeweile erzeugt. Eine Zukunftsgesellschaft, in der alle Menschen gleich schön, gleich gesund und gleich intelligent wären, wäre ein einziges Unglück für die Menschheit[122].

122 Vgl. hierzu den Zukunftsroman von A. Huxley: Schöne neue Welt.

Glücksgüter machen offenbar nur glücklich, soweit sie selten sind. Die Forderung eines »größtmöglichen Glücks der größtmöglichen Zahl« – wie sie der englische Philosoph *J. Bentham* (1748–1832) ausgesprochen hat – wäre ein Bumerang. So ist der eigentliche Gegenbegriff zu Glück nicht das Unglück, sondern die Langeweile.
Langeweile resultiert aber aus Sinnleere. Langeweile hat der, der seinem Leben keinen Sinn mehr abgewinnen kann. In dem unerfüllten Glückshunger des Menschen verrät sich sein »Hunger nach Sinn« (Alexander Kluge).

Am vollen Leben vorbeivegetieren?

Bereits in I D haben wir davon gesprochen, wer allein nach dem christlichen Glauben dem Leben einen letzten Sinn und damit das letzte Glück geben kann: Gott. Gott ist nichts anderes als der letzte Sinn des Lebens. Das Wort Gott ist ein anderes Wort für das letzte Glück, das der Mensch ersehnt, aber von sich aus nie erreicht. Er ist ein anderes Wort für das letzte Glück, das ein Geschenk ist. Er ist nichts anderes als dieses runde Glück des Menschen, das er braucht, um wahrhaft glücklich zu sein. Man *lebt* eigentlich nicht, sondern man *vegetiert* nur, wenn dem Leben diese Sinnmitte fehlt, die letztes Glück schenkt.
Aber wieso braucht man Gott, um glücklich zu sein? Worin besteht eigentlich das letzte Glück, das nach dem Glauben Gott ist? Es besteht darin, daß man ein Du hat, das uns nie verläßt, wenn alle uns verlassen, daß man ein Du hat, mit dem wir immer sprechen können, wenn andere keine Zeit für uns haben (II C 3 und D). Ein Du, das uns unterfaßt, wenn die dünne Eisschicht des Glücks dieser Welt einbricht. Ein Du vor allem, das uns etwas *gibt*, was wir uns selber nie *geben* können: das *vergibt*. Ein Du, das uns bleibt, auch wenn sonst nichts bleibt. Der religiöse Begriff »ewiges Leben« will nichts anderes sagen als dies: alles kann man uns nehmen, nur dieses Du nicht. Die Gemeinschaft mit diesem Du ist »ewig«. Nietzsches Wort »Alle Lust will Ewigkeit« geht hier in Erfüllung. Der Glückshunger des Menschen ist so groß, daß ihn nur ein »ewiges«, ein »unzerstörbares Glück« stillen kann. Ein Glück, das man wieder verlieren kann, ist kein Glück!

2. Ist das Christentum leibfeindlich oder ist die Leiblichkeit das Ende der Wege Gottes?

Kann nur ein triebschwacher und affektarmer Mensch ein Christ sein? Die Frage wurde im Grunde schon im vorhergehenden Abschnitt 1 beantwortet, wo wir zu dem Resultat kamen: Das Christentum ist eine Glücksreligion, denn es will das *ganze* Glück des Menschen. Nach dem Neuen Testament wird der *ganze* Mensch erlöst. Die Seele ist nicht der wertvollere Teil am Menschen, der von dem Leib befreit werden muß, sondern der Leib ist Ausdruck der Seele. Die Erlösung wird im Neuen Testament nicht – wie in der damaligen Sekte der Gnosis – als Trennung der Seele *vom* Leib, sondern als Erneuerung des *ganzen* Menschen nach Leib und Seele verstanden. Die Seele wird nicht *vom* Leib, sondern *zusammen mit* dem Leib erlöst. Während für den Philosophen Plato (427–347) der Leib das »Grab« der Seele ist, gilt er im Neuen Testament als ihr »Zelt« (2. Korinther 5,1 und 4). Ja, der Leib ist »Tempel des Heiligen Geistes« (1. Korinther 6,19). Wie wenig der Vorwurf der Leibfeindlichkeit das Christentum des Neuen Testaments trifft, erweist sein Glaube an die *Auferstehung des Leibes* (1. Korinther 15) und sein Bekenntnis zur *Fleischwerdung Gottes in Jesus Christus* (Johannes 1,14; 1. Johannes 4,2). Durch die Tatsache, daß Gott selber einen Leib angenommen hat, wurde der Leib, der in der Antike abgewertet wurde, rehabilitiert. Erst im späteren Christentum drang ein leibfeindlicher Platonismus* in die Kirche ein, den Nietzsche, Gide und andere mit Recht bekämpfen. Der Leib ist nach biblischer Auffassung etwas Gutes, weil er von Gott geschaffen wurde. Zielpunkt der neuen Schöpfung ist nicht umsonst die Leiblichkeit, die Auferstehung des Fleisches.

Von daher wird die Sexualität bejaht. Die Liebe zwischen Mann und Frau wird im Neuen Testament als etwas »Großes« bezeichnet und mit nichts Geringerem als der Liebe Christi zur Kirche verglichen (Epheser 5,32). Nach der Bibel hat *Gott* den Sexus geschaffen (1. Mose 1,27 f.; 1. Mose 2,24), nicht der Teufel. Die Verteufelung der Sexualität im späteren Christentum ist – wie Shaw ironisch bemerkt – »eine Anklage gegen

* Von Plato beeinflußtes Denken.

Gott wegen Unanständigkeit«[123]. Im Hohen Lied des Alten Testaments heißt es von den »Feuergluten« der Sexualität, sie seien eine »Flamme Gottes« (Hohes Lied 8,6). Die christliche Prüderie brachte dieses Hohe Lied, das die Sexualität so unbefangen bejaht, schon immer in große Verlegenheit. Man hat es »geistlich« umgedeutet oder verschämt übergangen. Es ist ohne Zweifel ein weltliches Liebeslied. D. Bonhoeffer stellt fest: »Es ist wirklich keine heißere, sinnlichere, glühendere Liebe denkbar als die, von der« im Hohen Lied »gesprochen wird«. Er fährt fort: »Es ist wirklich gut, daß es in der Bibel steht, all denen gegenüber, die das Christliche in der Temperierung der Leidenschaften sehen.«[124] Nietzsches Vorwurf, das Christentum sei sexualfeindlich, trifft nicht dieses selbst, sondern Entartungserscheinungen von ihm. Es gibt bis heute Christen, die Gott seine Schöpfung verübeln.
Das Ja zum Leib und seinen Affekten* ist aber noch von einem anderen Gesichtspunkt her wichtig. Die Zukunftsvision Nietzsches vom triebstarken Übermenschen trügt, denn die Entwicklung der Gattung Mensch verläuft eher in entgegengesetzter Richtung. Der heutige Mensch wirkt im Vergleich zum Menschen früherer Zeiten affektarm und indifferent.** Die Prognose vieler Forscher geht auf eine zunehmende Entsinnlichung und Entsexualisierung in der zukünftigen Entwicklung der Gattung Mensch. Der Freiburger Mediziner *R. Huber* meint: Wir »heutigen Menschen« sind »eher gehemmte Säugetiere und gerade keine Nietzscheschen Übermenschen«. »Unsere Zukunft heißt ... nicht Dionysos«. Er spricht von einer »zunehmenden Hemmung« der Affekte des Menschen und seiner »fortschreitenden Verhirnlichung« (»Cerebralisation«)[125].

* Starke Gefühle.
** = gleichgültig, unentschieden, unbestimmt.

123 Shaw-Brevier, insel-taschenbuch 159, S. 214.
124 D. Bonhoeffer: Widerstand und Ergebung, 1959, 10. Aufl.
125 R. Huber in: Was ist Glück? dtv. 1134, S. 147, 144.

3. Schwächt der Glaube das Selbstbewußtsein des Menschen oder stärkt er es, macht er feige oder tapfer, demütig oder mutig? Darf der Christ sich selbst lieben oder muß er sich selbst verleugnen? Ist Selbstbehauptung Sünde?

Nietzsche überzeichnet – wie alle prophetischen Denker. Aber mit seiner Kritik am damaligen und heutigen Christentum redet er nicht ins Blaue, sondern trifft er ins Schwarze. Sein Vorwurf »Erlöster müßten mir seine Jünger aussehen« ist nur zu berechtigt. Der Typ des unerlösten, ungelösten, unfreien, verklemmten und gehemmten Menschen ist allem Anschein nach besonders häufig unter Kirchenchristen anzutreffen. Es kommt nicht von ungefähr, daß sie im »Feindbild« unserer Gesellschaft die Eigenschaften duckmäuserisch, unmodern, reaktionär, ängstlich, feige, unselbständig, intolerant, fanatisch haben; sie gelten als moralinsauere Spießbürger, die gerne hinter den Sünden ihrer Mitmenschen herschnüffeln, als geistige Schrebergärtner und Menschen mit kleinem Horizont – ähnlich den vielbelächelten Radieschenkommunisten im Ostblock. Dieses gesellschaftliche »Fremdbild« vom kleinkarierten Pfahlbürger ist sicher eine Karikatur, die aber – wie jede Karikatur – Wahrheitsmomente enthält.

Selbstbewußtsein und Hingabe

Vor allem scheint das Wort Nietzsches auf das Christentum zuzutreffen: »Man hat Gott genannt, was schwächt«. Eine falsch verstandene Nächstenliebe und Demut führte nicht selten zur Kriecherei und Knechtsseligkeit. Die Kirche hat unzähligen Menschen durch ihren Geisteszwang und ihre Angstmache das Rückgrat gebrochen (vgl. I C 2). Man wollte den Menschen klein machen, um Gott groß zu machen, und vergaß, daß Gott selber doch den Menschen groß gemacht hat (Psalm 8,6ff.).

Ganz anders das Christentum Jesu Christi. Jesus sagt merkwürdigerweise nicht: »Du sollst Deinen Nächsten lieben, *nicht* Dich selbst«, sondern er sagt: »Du sollst Deinen Nächsten lieben *wie* Dich selbst!« (Markus 12,31) Der Christ soll *sich* also *selbst lieben*, er soll *sich selbst bejahen.* Aber ermahnt nicht Jesus an anderer Stelle seine Jünger, sich selbst zu verleugnen? (Matthäus 16,24)

Doch Selbstliebe und Selbstverleugnung schließen sich

merkwürdigerweise nicht aus, sondern gerade ein. Nur wer sich selbst liebt, ist stark genug, sich selbst zu verleugnen. Nur wer ein Ich hat, kann von sich selbst absehen. Nur wer sich selbst annimmt, ist fähig, seinen Mitmenschen anzunehmen. Nur wer zu sich selbst Ja sagt, kann zu seinem Nächsten Ja sagen. Nur wer mit sich selbst identisch ist, kann anderen etwas sein. *Nur ein starkes Ich kann sich hingeben.* Wer kein Ich hat, kann sich nicht verleugnen.

Von einer falsch verstandenen Selbstverleugnung her hat man das Gebot Jesu, seinen »Nächsten zu lieben wie sich selbst«, vielfach umgedeutet. Etwa in dem Sinn: »So wie du dich als Egoist von Natur selbst liebst, so sollst du den Nächsten lieben.« Es steht aber nicht da: »Liebe Deinen Nächsten *statt* Deiner selbst«, sondern eben »*wie* Dich selbst«[126]. Jesus *gebietet* hier geradezu die *Selbstliebe*. Das Neue Testament bejaht auch sonst die Selbstliebe (Epheser 5,28f., 33), weil sie Voraussetzung der Nächstenliebe ist. Ohne Selbstbejahung gibt es keine Demut, ohne Selbstbewußtsein kein Opfer.

Demut darf daher nicht mit Rückgratlosigkeit verwechselt werden. Gerade der aufrechte Gang unterscheidet nach dem Alten Testament den Menschen vom Tier (so der Alttestamentler Ludwig Köhler)[127]. Seine Gottebenbildlichkeit besteht darin, daß er die Welt beherrscht (1. Mose 1,28). Die Selbstbehauptung ist – so gesehen – keine Sünde, sondern ein Gebot. Und vielleicht gerade heute im Blick auf die Ichschwäche des modernen Menschen ein Gebot der Stunde![128]

Das Christentum ist nicht eine Religion speziell für triebschwache und ichschwache Menschen. Gewiß ruft Christus die »Kranken«, nicht die »Starken« (Markus 2,17). Aber um sie *gesund* und *stark* zu machen. Nicht umgekehrt! Auch das Kreuz auf Golgatha will den Menschen nicht schwächen, sondern es soll durch seine Schwachheit Schwache stark machen (1. Korinther 1,25 und 27)*.

* Vgl. hierzu B. Brechts Geschichte »Die unwürdige Greisin« und D. Soelles theologischer Kommentar dazu in »Phantasie und Gehorsam«, 1975, S. 37.

126 Näheres: W. Trobisch: Liebe dich selbst! 1975.
127 L. Köhler: Theologie des Alten Testaments, 3. Aufl. 1953, S. 134f.
128 Zur näheren Begründung siehe H. G. Pöhlmann: Abriß der Dogmatik, 2. Aufl. 1975, S. 137ff.

Das Abenteuer des Glaubens

Daß Demut und Mut zusammengehören, zeigt besonders gut der neutestamentliche Glaubensbegriff. Dadurch, daß der Glaube *demütig* ist gegenüber Gott, wird er nämlich gerade *mutig* gegenüber der Welt. Der Glaube macht nicht hasenherzig und feige – wie viele meinen –, sondern tapfer. Er ist nach der Bibel nichts anderes als ein *Vertrauen* und damit ein *Wagnis*. Ein ängstlicher Spießbürger, der nichts wagt, sondern immer auf Nummer Sicher gehen will, kann eigentlich kein Christ sein. In der »Rückkehr des verlorenen Sohnes« A. Gides versinnbildlicht weder der mittlere noch der ältere, sondern eher der jüngere Bruder das Christentum, weil ihm die Freiheit wichtiger ist als die Sicherheit. Wenn der Übermensch Nietzsches der Mensch ist, der *über* sich *hinaus* will, wenn er der Mensch ist, der aus dem status quo aufbricht ins Neue, noch Ungebahnte, wenn er der Mensch ist, der immer wieder sich selbst überholt, dann kann man den Christen geradezu als »Über-Menschen« bezeichnen. Aber sein Abenteuer ist nicht das des Eroberers (Nietzsche, Gide), sondern es besteht in der *grenzenlosen Liebe* (Matthäus 5,44). Liebe, die keine Grenzen des Vorurteils kennt, entspringt nicht einer feigen Nachgiebigkeit, sondern sie zeugt im Gegenteil gerade von Mut. Wann könnte man mehr Mut zeigen als dadurch, daß man – wie Jesus – jeden Menschen vorurteilslos liebt, selbst den Feind? Die Ritterlichkeit und Noblesse, die Nietzsche dem Christentum abspricht, kommt wohl nirgends sonst so deutlich zum Ausdruck wie in der Liebe, die keine Grenze kennt und großzügig genug ist, sogar den Feind zu bejahen. Zugegeben, daß in diesem Punkt die Geschichte des Christentums Nietzsche breite Angriffsflächen bietet. Aber muß man nicht auch vielen Weisungen Nietzsches die Vornehmheit und Ritterlichkeit absprechen, wenn er z. B. sagt: »Was fällt, das soll man auch noch stoßen«, »grausam gegen alles sein, was schwach ist«?

Selbstliebe ist nicht Selbstsucht

Unnötig, darauf hinzuweisen, daß Selbstliebe nicht dasselbe ist wie Selbstsucht, daß die Selbstbejahung nicht mit dem Egoismus zu verwechseln ist und daß Stärke etwas anderes ist als Härte. Daß der selbstbewußte Mensch nicht notwendig ein Ellenbogenmensch ist, zeigt das Vorbild Jesu. Er hatte ein stark ausgeprägtes Selbstbewußtsein (Matthäus 5,21–43) und war doch so selbstlos wie kein anderer. Er hatte ein starkes

Ich, ließ sich aber von seinem Ich nie an die Kette legen. Er hat sich selbst bejaht und er hat sich doch verzehrt für die anderen.

Der domestizierte Gott.

Nietzsche und Gide deuten an, wo die eigentliche Ursache dafür zu suchen ist, daß das Christentum zeitweise wirklich so etwas wie eine Sklavenreligion wurde: Gott selber wurde zum Sklaven und Gefangenen der Kirche. R. M. Rilke (1875–1926) hat das Thema vom gefangenen Gott in einem Gedicht zu Ende gedacht:

Gott im Mittelalter

... Und die hängten schließlich wie Gewichte
zu verhindern seine Himmelfahrt
an ihn ihrer großen Kathedralen
Last und Masse. Und er sollte nur
über seine grenzenlosen Zahlen
zeigend kreisen und wie eine Uhr
Zeichen geben ihrem Tun und Tagwerk.
Aber plötzlich kam er ganz in Gang,
und die Leute der entsetzten Stadt
ließen ihn, vor seiner Stimme bang
weitergehn mit ausgehängtem Schlagwerk
und entflohn vor seinem Zifferblatt[129].

D. KONKRETION

Hans-im-Glück und Fuchs-im-Unglück[130]

Wir kennen das Grimmsche Märchen Hans-im-Glück: Nachdem Hans seinem Herrn 7 Jahre treu gedient hatte, bekam er als Lohn einen Goldklumpen, der so groß war wie sein Kopf. Auf dem Weg heim zu seiner Mutter läßt er sich auf reichlich abstruse Tauschgeschäfte ein und verliert so sein ganzes Hab und Gut: Nachdem er das Gold gegen ein Pferd, das Pferd gegen eine Kuh, die Kuh gegen ein Schwein und das Schwein gegen eine Gans und schließlich die Gans gegen Schleifsteine eingetauscht hatte, plumpsten ihm diese in einen Brunnen.

129 R. M. Rilke: Gesammelte Gedichte, 1962, S. 258f.
130 L. Marcuse: Philosophie des Glücks, 1972, S. 47ff.

Am Schluß heißt es in dem Märchen: »Hans kniete nieder und dankte Gott mit Tränen in den Augen, daß er ihn ... von den schweren Steinen befreit hätte.« »So glücklich wie ich, rief er aus, gibt es keinen Menschen unter der Sonne!« »Frei von aller Last sprang er nun fort, bis er daheim bei seiner Mutter war.«
Wenn man Kindern dieses Märchen erzählt hat, fragen sie häufig, ob ihn seine Mutter nicht nach seiner Heimkehr tüchtig ausgeschimpft hätte. Ludwig Marcuse hält den Hans-im-Glück für einen Philosophen des Glücks*. Er lehrt uns, unser Glück nicht *außerhalb* von uns zu suchen, sei es im Himmel oder auf Erden. »Das Glück liegt in Dir.« Wäre es – nach Marcuse – außerhalb von uns, dann wäre es verlierbar. Nur wenn es sich in uns befindet, ist es unzerstörbar.
Der Antityp des Hans-im-Glück ist der Fuchs-im-Unglück. Der Fabeldichter Äsop berichtet von ihm, er habe seinen Durst an reifen Trauben löschen wollen, die aber zu hoch hingen. Immer wieder sprang er hoch, ohne sie zu erreichen. Schließlich gab er auf, stolzierte erhobenen Hauptes davon und bemerkte: Die Trauben sind sicher sauer!

Fragen zum weiteren Nachdenken

1. Wer gefällt uns besser? Der Hans im Glück oder der Fuchs im Unglück? Wer von beiden macht aus seinem Leben mehr? Von wem können wir besser lernen, mit dem Mißgeschick unseres Lebens fertig zu werden? Wer von beiden ist der bessere Verlierer?
Braucht der Mensch Illusionen, um das Unglück zu bewältigen**?
2. Machen wir wie der Fuchs aus süßen Trauben saure oder wie Hans aus sauren süße oder lassen wir süß süß und sauer sauer sein?
Machen wir das Glück anderer Menschen, das uns selber unerreichbar ist, schlecht? Oder bringen wir es fertig, uns mit dem größeren Glück anderer neidlos mitzufreuen?
3. Zugegeben: Das Einheitsglück unserer nivellierten Mittelstandsgesellschaft ödet uns an, ob es nun im gesellschaftlichen Spitzenwert Gesundheit oder in einem Konsumgut ge-

* und – unter Unterschlagung des Gebetes des Märchens – für den ersten Atheisten.

** Vgl. zur Frage, ob der Mensch ohne Illusionen leben kann, das Theaterstück von R. Nash »Der Regenmacher«.

sucht wird, von dem man sich vollschlägt und doch leer bleibt. Wir wollen nicht dünngepanscht, sondern intensiv leben. Wir begnügen uns nicht mit dem vordergründigen Glück unseres Lebens, wir ersehnen ein letztes Glück. Ist dieses Glück *über* uns, *vor* uns oder *in* uns? Liegt es in nebelhafter Ferne, oder sind wir unseres Glückes Schmied?

4. Klaffen nicht in unserem Leben das kleine Glück und das große Glück auseinander? Man sagt: Das kleine Glück ist wie eine wertlose Glasscherbe, die wir auf der Straße finden, die aber – gegen die Sonne gehalten – erstrahlt wie ein wertvoller Edelstein. Übersehen wir die Scherben auf der Straße, weil wir von der Sonne geblendet sind (Ödipus), oder drehen wir ihr den Rücken zu, um möglichst viele Scherben zu sammeln (Theseus)?

5. Können wir mit dem Glücksbegriff des Schriftstellers Gerhart Hauptmann etwas anfangen: »Mein Kampf ist ein Kampf um das Glück aller; sollte ich glücklich sein, so müßten es erst alle anderen Menschen um mich herum sein. Ich könnte mich sozusagen nur als Letzter an die Tafel setzen.«

6. Jesus wollte den Menschen ein Leben in der Freude eröffnen. Daher hat er auf einer Hochzeit Wasser in Wein verwandelt, was ihm viele »Frommen« bis heute nicht verziehen haben. Verwandeln wir Wasser in Wein oder Wein in Wasser?

Der moderne »Hans-im-Glück«

Die Glücksgöttin beschert aus dem Füllhorn der Technik dem Menschen Güter, sein Leben angenehmer und leichter, glücklicher zu machen. Als Rachegöttin wandelt die Technik ihr Füllhorn zum Kehrichteimer, dessen Müll den Menschen samt seinem Glück zu erstikken droht. *H. M.*

Abschnitt V

DIE ABLEHNUNG GOTTES IM NAMEN DER MÜNDIGKEIT

Der psychologische Atheismus

S. Freud – E. Fromm – A. Mitscherlich

A. EINSTIEG

In Martin Walsers Roman »Halbzeit« schreibt eine junge Frau in ihr Tagebuch: »Mit Lissa in der Kirche. Konnte nicht beten. Die feierliche Amtssprache der Kirche klang fremd. Kunstgewerbe-Vokabular, glauben die Frommen, Gott höre sie nur, wenn sie beten, er habe keine Ahnung von den Worten, die sie sonst denken und sagen? Man kann sich nicht vorstellen, daß der Pfarrer erlebt hat, was er in der Predigt erzählt. Mein Leben ist in der Gebetssprache nicht mehr unterzubringen. Ich kann mich nicht mehr so verrenken. Ich habe Gott mit diesen Formeln geerbt, aber jetzt verliere ich ihn durch diese Formeln. Man macht einen magischen Geheimrat aus ihm, dessen verschrobenen Sprachgebrauch man annimmt, weil Gott ja von gestern ist.«[131]
Dieser gestrenge Übervater, den die Kinder gerne wie einen rosenwangigen Marzipanmarschall darstellen, ist für viele endgültig vergangen. Die Theologin D. Soelle schreibt: »Es führt kein Weg zurück zum Kindervater, der Wolken, Luft und Winden Wege, Lauf und Bahn gibt.« »Der Gott, der das Dunkel liebt und die kindlichen Gemüter, der Gott des Aberglaubens und des unaufgeklärten, vorwissenschaftlichen Denkens ist tot.« Trotz alledem beschwört die Kirche nach Soelle immer wieder dieses tote Erbe und sie versucht, den Menschen in sein Kindheitsstadium zurückzuversetzen und ihm in einer »verkrampften Fröhlichkeit« seine Kindheit zu bewahren[132].
Im psychologischen* Atheismus wird Gott als überhöhter Vater verstanden, der den Menschen zeitlebens entmündigt und

* Von Psychologie = Seelenkunde, Lehre vom bewußten und unbewußten Seelenleben.

131 Bei D. Soelle: Die Wahrheit ist konkret, 4. Aufl. 1968, S. 15.
132 D. Soelle, a. a. O. S. 17: Atheistisch an Gott glauben, 1968, S. 58.

seine Entwicklung zum Erwachsenen hemmt. Als Vertreter dieses Typs von Atheismus werden hier Sigmund Freud, Erich Fromm und Alexander Mitscherlich besprochen.

B. INFORMATION

1. Sigmund Freud: Gott als Zwangsneurose

Der Arzt *Sigmund Freud* (1856–1939) ist der Begründer der Psychoanalyse (wörtlich: Seelenzergliederung). Auf ihn geht ein anderer unverwechselbarer Typ des Atheismus zurück, eben der *psychologische* Atheismus. Ein Typ, bei dem zweifellos Feuerbach, Marx und Nietzsche Pate gestanden haben.
Wir nehmen hier vor allem auf seine Schriften »Die Zukunft einer Illusion« (1927) und »Der Mann Moses und die monotheistische Religion« (1939) Bezug.

Freuds Menschenbild[133]

Freud gilt als der Entdecker des Unbewußten. Das Unbewußte ist das, was der Person des Menschen nicht (oder nicht mehr) bewußt ist, sie aber gleichwohl prägt und bestimmt. In das Kellergewölbe des Unbewußten werden vom Wachbewußtsein des Menschen Triebe und Seelenregungen verwiesen, die nicht stubenrein und nicht salonfähig sind. Dieser Vorgang wird als »Verdrängung« bezeichnet. Das *»Ich«* des Menschen kann diese im Unbewußten, im *»Es«* angesiedelten Kräfte aber nicht ausrotten oder auch nur besiegen. Sie drängen aus dem Keller zurück in die gute Stube des Ich. »Der nächtliche Vorstoß des Verpönten und Verdrängten im Traum«, Neurosen, Psychosen und Fehlleistungen bezeugen zur Genüge, daß das Ich das Es nicht zügeln kann. Die verdrängte seelische »Unterwelt« sucht immer neue Durchschlüpfe, um das Wachbewußtsein des Menschen zu durchkreuzen. Wie sehr das Unbewußte dem Bewußtsein immer

133 S. Freud: Der Mann Mose ..., 1939, Fischer Bücherei 6300, S. 15f., 99ff., 116ff. Das Ich und das Es, 1923; vgl. auch A. Wellek: Psychologie, 3. Aufl. 1963, S. 46f., 9ff.

wieder das Konzept verdirbt, erweist nach Freud das Sichversprechen, etwa wenn bei einem Nachruf am Grab ein Intimfeind des Verstorbenen in der Grabrede feststellt: »Der erschütternde Verlust, den wir *errungen* haben ...«, statt »Der erschütternde Verlust, den wir erlitten haben.«
Auch wenn der Mensch erwachsen und zivilisiert ist, bleibt er zeitlebens im Keller seines Unterbewußtseins ein Wilder.
Warum »verdrängt« das Ich die Triebe, die ihm doch Lust bereiten würden? Weil es ihm eine Kontrollinstanz im Menschen, das sogenannte *»Über-Ich«*, befiehlt. Dieses Über-Ich oder Gewissen ist der »Nachfolger und Vertreter der Eltern (und Erzieher)«, die die Handlungen des Kindes in seiner ersten Lebensphase beaufsichtigt haben. »Es hält das Ich in dauernder Abhängigkeit, es übt einen ständigen Druck auf dasselbe aus. Das Ich ist ganz wie in der Kindheit besorgt, die Liebe des Oberherrn aufs Spiel zu setzen, empfindet seine Anerkennung als Befreiung und Befriedigung, seine Vorwürfe als Gewissensbisse. Wenn das Ich dem Über-Ich das Opfer eines Triebverzichts gebracht hat, erwartet es als Belohnung dafür, von ihm geliebt zu werden.« Der Triebverzicht macht das Ich stolz.
Das Über-Ich ist also bei Freud eine ähnlich doppelwertige Größe wie die brodelnden Leidenschaften im Keller des Unterbewußten. Es entmündigt einerseits den Menschen, kultiviert ihn aber andererseits, indem es ihm hilft, die Leidenschaften und Triebe* zu zähmen. Das Über-Ich schafft die Kultur.

Die Religion, eine Illusion aus der Kinderzeit

Die Erstarkung des Über-Ich läßt nach Freud aber nicht nur die Kultur, sondern auch die Religion entstehen[134]. Freud schreibt: »Religiöse Vorstellungen« »sind nicht Niederschläge der Erfahrung oder Endresultate des Denkens, es sind Illusionen, Erfüllungen der ältesten, stärksten, dringendsten Wünsche der Menschheit; das Geheimnis ihrer Stärke ist die Stärke dieser Wünsche. Wir wissen, schon der schreckende Eindruck der kindlichen Hilflosigkeit hat das Bedürfnis nach Schutz – Schutz durch Liebe – erweckt, dem der Vater abge-

* Freud kennt zwei Grundtriebe, den *»Lebenstrieb«*, der nicht nur den Sexualtrieb, sondern auch den Selbsterhaltungstrieb umfaßt, sowie den *»Todestrieb«*, der auf den Menschen selbst, aber auch auf seine Umwelt zerstörerisch wirkt.

134 S. Freud: Die Zukunft einer Illusion, 1927, S. 15, 20.

holfen hat.« »Die Erkenntnis von der Fortdauer dieser Hilflosigkeit durchs ganze Leben hat das Festhalten an der Existenz eines – aber nun mächtigeren Vaters – verursacht. Durch das gütige Walten der göttlichen Vorsehung wird die Angst vor den Gefahren des Lebens beschwichtigt, die Einsetzung einer sittlichen Weltordnung versichert die Erfüllung der Gerechtigkeitsforderung, die innerhalb der menschlichen Kultur so oft unerfüllt geblieben ist, die Verlängerung der irdischen Existenz durch ein zukünftiges Leben stellt den örtlichen und zeitlichen Rahmen bei, in dem sich diese Wunscherfüllungen vollziehen sollen.«[135]

Die Religion hat also für Freud eine positive Entlastungsfunktion. Aber so sehr die Religion in einer bestimmten Phase der Entwicklung des Menschen als Erziehungsmittel notwendig ist, kann er später auf diese Illusion aus seiner Kinderzeit verzichten. Zur Erziehung gehört nun einmal nach Freud ein Stück »Unduldsamkeit«, das »Denkverbot«, wie überhaupt der Zwang des Über-Ich. Daher muß der Mensch in seiner Entwicklung wohl oder übel dieses Durchgangsstadium der Religion durchmessen, um sie dann als Erwachsener hinter sich zu lassen. »Der Weg vom Säugling zum Kulturmenschen ist weit, zu viele Menschlein würden sich auf ihm verirren und nicht rechtzeitig zu ihren Lebensaufgaben kommen, wenn sie ohne Leitung der eigenen Entwicklung überlassen werden.«[136] Später rückt an die Stelle der Gottesidee die »Vernunft« und »Wissenschaft«. Geschieht das nicht, dann bleibt der Mensch zeitlebens ein unmündiges Kind und die Religion wird zum Wahn. Doch »auf die Dauer kann der Vernunft und Erfahrung nichts widerstehen«[137].

Die Erinnerung an den Urvater

Dasselbe, was für die Entwicklung des Menschen gilt, trifft nach Freud auf die Entwicklung der *Menschheit* zu. Auch hier ist die Religion ein notwendiges pädagogisches Durchgangsstadium vom Wilden zum Kulturmenschen, das er hinter sich bringt.

Woher stammt nun die Religion? Wie kam es zu den Menschheitsreligionen? Die Religion entstand nach Freud aus dem *Urvatermord.* Der gewalttätige Häuptling der Urmenschen-

135 S. Freud, a. a. O. S. 47f.
136 S. Freud, a. a. O. S. 83.
137 S. Freud, a. a. O. S. 85ff.

horde wurde von seinen Söhnen erschlagen und verzehrt. Die Brüder taten alles, um die Spuren dieses Verbrechens zu verwischen oder es zu sühnen. Es bildete sich so die Religion heraus mit ihren Geboten und Verboten, Gedenkfeiern und dem für sie charakteristischen Triebverzicht. Schließlich wurde der Urvater zu einem Gott überhöht. Die verdrängte Vatervorstellung aus der Urzeit der Menschheit kehrte zurück.

Diese »Erinnerung« an den Urvater hat nach Freud »Zwangscharakter«. Sie ist ein »Wahn«, enthält aber ein »Stückchen Wahrheit«, insofern es diesen »Gott« als Mensch in der Urzeit ja wirklich gegeben hat[138].

Die Religion als Krankheit

Freud hat die Religion immer wieder in Zusammenhang gebracht mit der Neurose, einer seelischen Erkrankung mit Zwangscharakter. So entspricht dem Schuldbewußtsein des Zwangsneurotikers das Sündenbewußtsein des Frommen. Hier und dort gibt es Zwangshandlungen, die mit einer peinlichen Gewissenhaftigkeit ausgeführt werden (das Zeremoniell!). Ähnlich wie sich z. B. eine neurotische Frau aus einem krankhaften Wiederholungszwang heraus immer wieder auf denselben Stuhl setzen muß, unterwirft sich der Religiöse einem zwangshaften Ritual. Die Religion ist eine »Zwangsneurose«[139]. Nur die Befreiung von dieser »Menschheitsneurose« läßt den Menschen mündig werden. Das gilt nicht nur von der Religion allgemein, sondern speziell vom Katholizismus[140].

2. Erich Fromm: Gott als kollektive Phantasiebefriedigung

Der Psychologe *Erich Fromm* (geb. 1900) wandelt das System Freuds in bemerkenswerter Weise ab. Wie Freud ist er der Meinung, der Erwachsene »überträgt« seine Gefühle, die sich als Kind an die Eltern hafteten, auf die »Phantasiegestalt« »Gott« und auf die »Repräsentanten der herrschenden Gesellschaft«. »In der Strukturiertheit der Gesellschaft in Klas-

138 S. Freud: Der Mann Mose ... S. 18, 88ff., 121ff.
139 S. Freud, a. a. O. S. 8–14.
140 S. Freud, a. a. O. S. 66; Massenpsychologie und Ich-Analyse, 1921, Fischer Bücherei 6054, S. 32ff.

sen wiederholt sich für den Einzelnen die infantile* Situation«, wobei Gott immer als der »Verbündete der Herrschenden« erscheint. Die »Religion hat die Aufgabe, die psychische** Selbständigkeit der Masse zu verhindern, sie intellektuell einzuschüchtern, sie in die gesellschaftlich notwendige infantile Gefügigkeit den Herrschenden gegenüber zu bringen.«
»Der Mensch strebt nach einem Maximum an Lustgewinn, die gesellschaftliche Realität zwingt ihn zu vielen Triebverzichten, und die Gesellschaft versucht, den Einzelnen für diese Triebverzichte durch andere, für die Gesellschaft, beziehungsweise die herrschende Klasse unschädliche Befriedigungen zu entschädigen. Diese Befriedigungen sind solche, die sich im wesentlichen in Phantasien vollziehen, und zwar in kollektiven, allen gemeinsamen; wir können sie als gemeinsame Phantasiebefriedigungen bezeichnen. Sie erfüllen eine wichtige Funktion in der gesellschaftlichen Realität. Insoweit diese Realbefriedigungen*** nicht gestattet, treten die Phantasiebefriedigungen als Ersatz ein und werden zu einer mächtigen Stütze der gesellschaftlichen Stabilität. Je größer die Versagungen sind, die die Menschen in der Realität erleiden, desto stärker muß dafür Sorge getragen werden, daß sie sich durch Phantasiebefriedigung für die realen Versagungen entschädigen können.«
Für Fromm ist die Religion »die älteste« »kollektive Phantasiebefriedigung«, die – wie jede Phantasiebefriedigung – die Realbefriedigung verhindern und ersetzen soll. Als solche hat sie eine dreifache Funktion, nämlich
1. »die des Trostes für die allen vom Leben aufgezwungenen Versagungen«
2. »für die große Masse die der suggestiven**** Beeinflussung im Sinne ihres psychischen Abfindens mit ihrer Klassensituation« und
3. »für die herrschende Klasse die der Entlastung vom Schuldgefühl gegenüber der Not der von ihr Unterdrückten«[141].

* = kindliche.
** = seelische.
*** = wirkliche Befriedigung im Gegensatz zur eingebildeten, zur Phantasiebefriedigung
**** = einwirkend.

141 E. Fromm: Das Christusdogma und andere Essays, 1965, S. 21–27.

Nicht Gott, nur der Mensch selber hebt die »Entfremdung« * des Menschen auf, »indem er eine neue Harmonie« schafft. Die »neue Harmonie« ist die »Harmonie zwischen Mensch und Mensch, Mann und Frau, Mensch und Natur«. Der »messianische Friede«, der »mehr ist als ein kriegsloser Zustand«, ist das Ergebnis dieser Harmonie[142].
Im Unterschied zu Freud sieht Fromm den Menschen stärker in seinem Zukunftshorizont. (Ähnlich Mitscherlich!)

3. Alexander Mitscherlich: Der Abschied vom Vater

Der Psychologe und Mediziner A. Mitscherlich (geb. 1908) ist in seinem Denken stark von Freud vorgeprägt – ähnlich wie Fromm. Er bejaht grundsätzlich die Entwicklung der Menschheit zur »vaterlosen Gesellschaft« – trotz der großen Nachteile, die man sich durch sie einkauft. »In rastloser, oft absichtsloser Weise haben die gesamtgesellschaftlichen Prozesse, die zur industriellen Massengesellschaft führten, das Bild des ehrwürdigen, allwissenden, alles bestimmenden Vaters zerstört. Alle Anzeichen sprechen dafür, daß die paternalistischen** Konstruktionen in Staat und Kirche das Erleben der Millionen kaum noch berühren« – sieht man von Resten sektiererischen Denkens ab. »Die grauen Massen« der Großstädte »sind indifferent*** für alles, was von einer Vaterautorität seinen Anspruch herleitet«. Der göttliche Vater tritt in unserer Industriegesellschaft immer mehr aus dem Gesichtskreis, ähnlich wie der unsichtbar werdende leibliche in der modernen Familie. Ebensowenig wird heute der Lehr- und Arbeitsherr oder der Landesherr noch als Vater empfunden. Im vaterlosen Klima unserer Gesellschaft stirbt die Religion von selber ab[143]. »Seit Jahrhunderten sind wir Zeuge, wie nach der Befreiung von der Leibeigenschaft nun um die religiöse Befreiung des Menschen gerungen wird. Die religiöse Indifferenz****

* = d. h. der Mensch wird sich selber fremd.
** Auf der Vaterautorität basierend.
*** Gleichgültig, unbestimmt, teilnahmslos.
**** Gleichgültigkeit.

142 E. Fromm a. a. O. S. 181, 185f.
143 A. Mitscherlich: Auf dem Wege zur vaterlosen Gesellschaft, 1963, S. 310f., 186ff., 341f.

der Massen zeigt« freilich »die Last dieser Aufgabe«[144]. Der moderne Mensch setzt dem Gottesglauben keinen *bewußten* Unglauben entgegen, sondern er lebt in der Grauzone des *Unbewußten*. Er will sich nicht für oder gegen etwas entscheiden, sondern produzieren und konsumieren. »Was erstrebt wird, ist die Dämmerhaltung von Sattheit.«[145] Ein bewußt gelebter Atheismus ist nur bei einzelnen zu finden, wie etwa bei dem Physiker Albert Einstein (1879–1955). »Unzweifelhaft vollzieht sich hier ein Fortschritt zu einer vaterlosen Gesellschaft; nicht zu einer, die den Vater töten muß, um sich selbst zu bestätigen, sondern zu einer, die erwachsen wird, die von ihm Abschied zu nehmen weiß, um auf eigenen Füßen zu stehen.«[146]

C. DISKUSSION

1. Ist der Christ ein Kind, ein Erwachsener oder ein Zurückwachsender? Hat Jesus die erste vaterlose Gesellschaft gegründet oder wollte er der verwaisten Menschheit einen Vater geben? Macht der Abschied vom Vater mündig?

Der Schriftsteller *G. B. Shaw* meint, man solle den Kindern ihren Kindergott lassen. Er schreibt: »Es ist verläßlicher und behaglicher, einen Vater zu finden, der jedermanns großer Papa ist, selbst Papas Papa.« »Er muß, wie der wirkliche Papa, ein Erwachsener in Sonntagskleidern sein, sehr, sehr gütig, furchtbar mächtig und allwissend, das heißt, imstande zu sehen, was man tut, wenn niemand zusieht. Auf diese Weise erhält das Kind, das zu jung ist, um genügend entwickelte Selbstachtung und ein vernünftiges Ehrgefühl, kurz, ein Gewissen zu haben, ein künstliches, vorläufiges ... Gewissen, das dem Kind über die Unmündigkeit hinweghilft, bis es alt genug

144 A. Mitscherlich, a. a. O. S. 318.
145 A. Mitscherlich, a. a. O. S. 311f.
146 A. Mitscherlich, a. a. O. S. 317f.

ist, mit dem Gottesgedanken einen ernsten Sinn zu verbinden.«[147]

Andere halten dem mit Recht entgegen: Man kann von einem *Erwachsenen* keine Mündigkeit erwarten, wenn er *nicht schon als Kind* zur Mündigkeit erzogen wurde. Oberstes Lernziel der Kindererziehung ist die *Mündigkeit*. Die religiöse Erziehung verfehlt dieses Lernziel, wenn sie dem Kind ein infantiles Gottesbild anerzieht. Die Wunschillusion vom »Lieben Gott«, der es als Superpapa in seinen schützenden Gewahrsam nimmt und unter dessen allgegenwärtigen Polizeiblick es sich an die Kandare genommen weiß, entmündige es.

Die kindliche Phantasie vom Silbergreis

Das Neue Testament kennt keinen *eigenen* Gott für *Kinder*, sondern einen *einzigen Gott für alle*, Erwachsene und Kinder. Dieser Gott, der in Jesus Christus Mensch wird, um dem Menschen von Mensch zu Mensch zu begegnen, ist ein partnerschaftlicher Gott, der nicht entmündigt, sondern gerade mündig machen will. Enthält man den Kindern diesen Gott vor und beläßt man ihnen ihren »Kindergott«, dann braucht man sich nicht zu wundern, wenn sie später den Gottesglauben zusammen mit den Kinderkleidern abstreifen.

Der biblische Gott ist kein entmündigender Vater – wie Freud und andere Vertreter des psychologischen Atheismus annehmen. Aber sie haben darin unbedingt Recht, daß der *kindliche* Vatergott eine Illusion ist, die den Menschen zeitlebens entmündigt, wenn er sich nicht von ihr befreit. Dieser himmlische Weihnachtsmann der Kinderphantasie ist ein Götze. Man sollte schon das Kind mit dem Gott der Bibel konfrontieren und mit ihm so beten, wie *Erwachsene* zu ihm beten. *Jörg Zink* meint: »Kinder werden mit den Worten, die sie lernen, erwachsen. Verse, mit denen sie nicht erwachsen werden können, weil sie niedlich oder kindisch und für den 40jährigen nicht mehr wahr sind, sind darum auch für das Kind nicht geeignet«.*

Der Vater, der mündig macht

Aber wenn der Gott der Bibel kein entmündigender Vater ist, wieso wird in ihr der Gläubige immer wieder als Kind bezeichnet, also als unerwachsener und unselbständiger Mensch ver-

* Zum Kindergebet vgl. R. Tschirch: Gott für Kinder, GTB 83, S. 135–150.

147 Shaw-Brevier, insel-taschenbuch 159, S. 185.

standen? Jesus sagt ja selbst »Werdet wie die Kinder!« (Matthäus 18,3). Viele Theologen sprachen daher von der »zweiten Naivität« des Christen, der sozusagen ein wieder ins Kinderstadium zurückversetzter, also ein zurückentwickelter Mensch ist.* Der Vorwurf, das Christentum sei ein Kulturschutzpark für Harmlose, kommt also nicht von ungefähr.
Doch Jesus hat nicht gesagt: *Werdet* Kinder! – sondern eben: Werdet *wie* die Kinder. Das heißt, nehmt Euch die Kinder zum *Vorbild*.
Worin ist das Kind für Erwachsene Vorbild? Nicht in seiner Unmündigkeit oder in anderen negativen Kindereigenschaften**, sondern »lediglich darin, daß es um seine Kleinheit weiß« (so der ev. Neutestamentler J. Schniewind zu Matthäus 18,3 und 4). Paulus betont immer wieder, der Christ sei kein unselbständiges Kind, sondern ein Erwachsener, der mündig und stelbstbestimmend ist. (Galater 4,1 ff.; Korinther 3,1 f.; 13,11)***
Die Vorstellung von Gott als dem Vater soll den Menschen nicht entmündigen, sondern *gerade mündig machen*. Das zeigt nicht zuletzt das »revolutionäre« Wort Jesu aus Matthäus 23, wo es heißt: Keiner soll sich »Lehrer« und »Vater« »nennen lassen«, denn es gibt nur »*einen* Lehrer« und »*einen* Vater«, »Ihr alle aber seid Brüder«. »Der größte unter Euch soll euer Diener sein« (Matthäus 23,8–11). Mit diesem Wort wird die auf Ungleichheit basierende patriarchalische Gesellschaftsordnung der damaligen Zeit kurzerhand außer Kraft gesetzt. Unter dem *einen* Vater sind alle in gleicher Weise Geschwister, Kinder und Eltern, Mann und Frau. Der göttliche Vater sanktioniert nicht die autoritäre Vatergesellschaft (Fromm), sondern er befreit die Menschen – umgekehrt – von ihr. Er macht sie, dadurch, daß er sie zu seinen Söhnen macht, zu Erwachsenen, die sich nicht mehr von anderen Menschen verknechten lassen (1. Korinther 7,23; Galater 5,1). Dieser Gott ist kein Verbündeter der Herrschenden (Fromm), sondern er

* Man hat sich dabei auch oft auf Matthäus 11,25 berufen. Mit den »Einfältigen« sind hier nicht Naive gemeint, sondern religiös Ungebildete, die von den Schriftgelehrten und Pharisäern verachtet wurden. (J. Jeremias; Neutest. Theologie I, 1971, S. 113).

** Leichtsinn, Trotz, Vertrauensseligkeit.

*** Das Wort, das Luther Römer 8,23 (9,4) und Galater 4,5 mit »Kindschaft« übersetzt, meint eigentlich die Annahme an Sohnes Statt, die Adoption.

stößt sie vom Thron – wie es im Lobgesang der Maria heißt (Lukas 1,52).

Der Vater, der ans Kreuz geht

Eng zusammen mit der Ablösung der patriarchalischen Ordnung hängt ein neues Vaterbild: der Vater gibt sein Leben für seine Kinder, in Jesus Christus. So sehr liebt er sie. Irdische Vaterfiguren sind nur ein unzulängliches Gleichnis dieses gekreuzigten Vaters. Abgesehen von Ausnahmen. Wie der polnische Arzt Dr. Korczak, der 1942 freiwillig mit seinen jüdischen Waisenkindern aus dem Warschauer Getto in den Tod gezogen ist.

Diese Vorstellung vom gekreuzigten Vater hat soziale Konsequenzen.

Die Wende in der Erziehung

Im Neuen Testament tritt an die Stelle der patriarchalischen die *partnerschaftliche* Verhaltensform zwischen Mann und Frau sowie zwischen Eltern und Kindern. Die Ehe wird im »*Herzen*« (Matthäus 5,27f.) verankert, wie die »*Herzens*härtigkeit« Ausgangspunkt des Ehezerfalls war (Matthäus 19,8). Einsatzpunkt des neuen Eheverständnisses Jesu ist das *Herz*, ist die *Liebe*. Ähnliches gilt für die Familie und Erziehung. Im Neuen Testament ist nicht mehr die Rute das entscheidende Erziehungsmittel wie im Alten Testament (Sprüche Salomos 22, 15; 23, 13f.), sondern die Liebe. Das geht aus den – gegenüber dem Alten Testament – ungewöhnlichen Erziehungsregeln des Neuen Testaments hervor, die sich gegen die willkürliche und brutale Vaterautorität der damaligen Zeit wenden: »Ihr Väter, reizt eure Kinder nicht, damit sie nicht scheu werden« (Kolosser 3,21); »Ihr Väter, reizt eure Kinder nicht zum Zorn, sondern zieht sie auf in der Erziehung und Ermahnung zum Herrn«. (Epheser 6,4.) Wer sich unter die alleinige Autorität Gottes gebeugt hat, kann nicht mehr autoritär sein, weder zu seinem Ehepartner noch zu seinen Kindern.

Macht die Kirche den Menschen krank?

Die Kirche, die nach ihrem Selbstverständnis eine *herrschaftsfreie Bruderschaft* sein sollte, entartete nicht selten in eine Zwangsanstalt (vgl. oben I C 2). Der evangelische Theologe *J. Scharfenberg* meint im Anschluß an Freud, die Kirche müßte überprüfen, ob von ihrer »autoritär-zwanghaften Struktur nicht eine neurotisierende Wirkung ausgeht«[148]. Man

148 J. Scharfenberg; Zum Religionsbegriff S. Freuds, in: Ev. Theol. Jg. 30, 1970, H. 7, S. 378.

denke an den religiösen Fanatismus, die Entmündigung des Menschen im Namen eines autoritären Vatergottes, seine Rückentwicklung zum Kind durch Glaubenszwang und Gewissensterror (vgl. oben I C 2). Niemand wird abstreiten können, daß es auch in der Glaubenspraxis des Christentums Zwangsneurosen gibt: magische Wiederholungszwänge, sinnentleerte Riten, die als lästige Pflichtübung absolviert werden, ein äußerliches Gewohnheitschristentum usw. Während Jesus die Menschen von der bleiernen Tyrannis des Herkommens befreit hat (Matthäus 15), hat ihnen die Kirche – wie es scheint – das Joch der Tradition wieder auferlegt.
Doch man muß sich hier vor falschen Alternativen hüten. Nicht zuletzt die Psychologie hat nachgewiesen, daß der Mensch bergende Traditionen braucht, daß er etwas Gleichbleibendes im Wechsel, daß er neben der Veränderung die Wiederholung benötigt. Gerade der moderne »unbehauste Mensch« sucht das Haus der Tradition (Nostalgie). Der Auszug aus dem Vaterhaus hat ihn nicht erwachsener gemacht (vgl. oben I C 2). Die Vergangenheit muß nicht unbedingt unfrei machen. Nach dem (katholischen) Theologen *J. B. Metz* geht von der Erinnerung an Jesu Heilstat geradezu eine befreiende Wirkung aus.

2. Ist Gott der überhöhte Vater der Urmenschenhorde, das Über-Ich oder ein Über-Du? Gibt es eine Erbsünde, die auf den Urvatermord zurückzuführen ist?

Daß die Gottesidee aus der Erinnerung an den ermordeten Häuptling der Urmenschenhorde entstanden sein soll, ist wissenschaftlich schwerlich beweisbar. Gott ist zudem – wie wir immer wieder feststellen – ein Geheimnis, das sich dem rechnenden Kalkül der Vernunft entzieht (vgl. oben I C 1). Sie kann ihn weder beweisen noch wegbeweisen. Gott ist außerhalb des Griffbereiches der Vernunft. Ein begriffener Gott ist kein Gott (I C 1). Darin stimmen alle Religionen überein. Der schweizerische Reformator *U. Zwingli* (1484–1531) sagt zu Recht: »Was Gott an und für sich ist, wissen wir so wenig als ein Käfer weiß, was ein Mensch ist.«

*Das schwierige Problem der Erbsünde**

Die Urvatermord-Vorstellung Freuds ist aber in anderer Hinsicht theologisch bedeutsam. Denn sie deutet auf einen Tatbestand hin, den man in der christlichen Tradition mit dem etwas unglücklichen Begriff *Erbsünde* umschreibt.

Was ist mit diesem mißverständlichen Begriff gemeint? Sünde ist nicht nur etwas, was der Mensch aus eigener Verantwortung tut, sondern auch etwas, worin er sich *schon immer vorfindet*. Sie ist etwas Persönliches und eine *überpersönliche* Macht. Sie kommt *aus* ihm und sie kommt *über* ihn. Sünde ist etwas Freiwilliges und Zwanghaftes, also nicht nur Schuld, sondern zugleich auch Schicksal. Der Mensch ist für seine Sünde voll verantwortlich, trotzdem gibt es eine Art Kollektivhaftung für die Sünde, in die der Mensch ungefragt verstrickt ist. Eine Art Erbe also der Menschheit. Freud hat das richtig gesehen, wenn er die Schuld auf ein Ur-Verbrechen der Menschheit zurückführt und wenn er der Meinung ist, das »Ich« könne die Triebe zwar in die Kulissen zurückzwingen, aber nicht besiegen. Der Mensch wird bei Freud freilich fast eine Triebmarionette.

Auch nach Paulus hat die Sünde einen Zwangscharakter. (Römer 7,15–20). Aber Christus befreit den Menschen vom Zwang der Sünde. Er gehört nicht mehr der Sünde, sondern Christus. Weil er sein Herr ist, wird er der Sünde Herr. Freud bestätigt gewissermaßen Luthers These, der Mensch sei wie ein »Reittier«, das entweder vom Satan oder von Gott geritten wird.

Der innere Gerichtshof

Das Ich ist bei Freud ein Diener zweier Herren, des Über-Ich und des Es, die es beide beherrschen wollen und sich gegenseitig die Herrschaft streitig machen. Freud hat also die Existenz eines Gewissens, eines »inneren Gerichtshofes« (I. Kant)** des Menschen, anerkannt. Nach dem Neuen Testa-

* Zur Geschichte des Begriffes *Erbsünde* kurz folgendes: Er stammt von dem altkirchlichen Theologen Tertullian (geb. um 160 n. Chr.) und bekam in der christlichen Theologie häufig einen biologischen Sinn, als wäre die Sünde eine Erbmasse, die durch die Zeugung übertragen wird. Nach Römer 5,12–19 besteht zwar ein Zusammenhang zwischen der Sünde aller Menschen und dem Sündenfall Adams. Aber von einer *biologischen* Ableitung der Sünde von Adam wird hier nirgends geredet. Sie ist sozusagen ein »geistiges« Erbe. Besteht sie doch im »Ungehorsam« (Vers 9).

** Deutscher Philosoph, 1724–1804.

ment wird das Gewissen dem Menschen nicht anerzogen, sondern es ist ihm angeboren* (Römer 2,14 und 15). Im Gewissen gibt nach Paulus Gott sein Gesetz kund (Römer 2,14 f.). Das Gewissen ist die Stimme – besser Membran Gottes. Vom christlichen Standpunkt kann man daher Freud eigentlich nicht als Atheisten bezeichnen. Wir sprachen ja schon oben laufend davon, daß der Atheismus Gott sozusagen anonym und unter anderem Namen kennt, wenn er sich zu einem Absoluten bekennt[149]. (I C 1) Das Über-Ich scheint so ein Deckname Gottes zu sein. Viele Menschen unserer Zeit, die Gott aus dem Gesichtskreis verloren haben, verantworten sich gleichwohl vor einem anonymen Über-Ich. Es war vor allem der Schriftsteller *F. Kafka* (1883–1924), der dieses Über-Ich des modernen Menschen in seinen Romanen – etwa im »Schloß« und »Prozeß« – beschrieben hat. In beiden Romanen ist der Mensch einer anonymen Instanz auf Leben und Tod ausgeliefert, im Schloß dem Schloßherrn, im Prozeß dem Richter. Eine rätselhafte Fremdmacht, an deren Verborgenheit der Mensch scheitert.

Das Über-Du der Liebe

Doch Gott ist mehr als nur das Über-Ich des Menschen: ein *Über-Du*, ein übermenschliches Du, das mir vergibt, wo Menschen mich verurteilen, das mich annimmt, wo Menschen mich ablehnen, das mir treu bleibt, wenn alle untreu werden. Ein Du, das so grenzenlos liebt, wie ein menschliches Du nie lieben kann. Luther nennt Gott einen »glühenden Backofen voller Liebe«. Er unterscheidet den zornigen oder »verborgenen Gott« (deus absconditus) vom gnädigen oder »offenbaren Gott« (deus revelatus). Er meint, man solle vom verborgenen zum offenbaren Gott fliehen. Der Zorn Gottes ist für Luther freilich die Voraussetzung seiner Gnade. Nur wer den Zorn Gottes gespürt hat, erfährt die Gnade Gottes als das Wunder, das sie ist. Nur auf der Dunkelfolie seines Zornes leuchtet seine Gnade.

* Es wird nach christlichem Verständnis durch die Erziehung nicht *übertragen*, sondern geweckt und bewußt gemacht.

149 Zur näheren Begründung H. G. Pöhlmann: Der Atheismus, eine Selbsttäuschung? in: Kerygma und Dogma Jg. 21, H. 1/1975, S. 13ff.

Jean Pauls Vision von der Welt ohne Vater

Der Schriftsteller *Jean Paul* (1763–1825) hat das Thema vom verborgenen und offenbaren Gott auf seine Weise weitergedacht. In seiner »Rede des toten Christus vom Weltgebäude herab, daß kein Gott sei« (1796) bringt er den neuzeitlichen Atheismus zur Sprache. Kurz der Inhalt dieser Rede:

Der Dichter ist in der Abendsonne eines Sommertages eingeschlafen und träumt von einer Anti-Welt, in der es keine Sonne gibt und die ins Chaos stürzt. In die untergehende Welt »sinkt eine hohe edle Gestalt mit einem unvergänglichen Schmerz aus der Höhe auf den Altar hernieder, und alle Toten riefen: ›Christus, ist kein Gott?‹ Er antwortete: ›Es ist keiner‹«. »Christus fuhr fort: ›Ich ging durch die Welten, ich stieg in die Sonnen und flog mit den Milchstraßen durch die Wüsten des Himmels, aber es ist kein Gott. Ich stieg herab, so weit das Sein seine Schatten wirft, und schauete in den Abgrund und rief: ›Vater, wo bist Du?‹ Aber ich hörte nur den ewigen Sturm, den niemand regiert.« »Und als ich aufblickte zur unermeßlichen Welt nach dem göttlichen Auge, starrte sie mich mit einer leeren bodenlosen Augenhöhle an.« »Da kamen ... die gestorbenen Kinder, die im Gottesacker erwacht waren, in den Tempel«, warfen sich vor Jesus nieder und sagten: »›Jesus, haben wir keinen Vater?‹ Und er antwortete ...: ›Wir sind alle Waisen, ich und ihr, wir sind ohne Vater‹.« »Und das ganze Weltgebäude sank mit seiner Unermeßlichkeit vor uns vorbei.« Christus »hob ... die Augen empor gegen das Nichts und gegen die leere Unermeßlichkeit und sagte: ›Starres, stummes Nichts! Kalte, ewige Notwendigkeit! Wahnsinniger Zufall! ... Wann zerschlagt ihr das Gebäude und mich?« »Wie ist jeder so allein in der weiten Leichengruft des All! Ich bin nur neben mir.« »O Vater! O Vater! Wo ist deine unendliche Brust, daß ich an ihr ruhe? – Ach, wenn jedes Ich sein eigener Vater und Schöpfer ist, warum kann es nicht auch sein eigener Würgengel sein? ...«

Als der Dichter aus seinem Traum erwacht war, »weinte« seine »Seele vor Freude, daß sie wieder Gott anbeten konnte«. Die »Welt ... lebte, wie ich, vor dem unendlichen Vater; und von der ganzen Natur um mich flossen friedliche Töne aus wie von fernen Abendglocken«[150].

150 Jean Paul: Siebenkäs. Erstes Blumenstück, Neuausgabe P. List-Verlag S. 321–326.

So sehr wir entzauberten Menschen des 20. Jahrhunderts die romantischen Gefühlsergüsse Jean Pauls nicht nachvollziehen können, hat er doch wohl vieles vorausgeahnt, was in unserem Jahrhundert eingetreten ist (bzw. im nächsten zu erwarten ist). Der Fortschrittsglaube Freuds und Fromms hat sich als Illusion erwiesen. Nicht nur die Religion, auch der Atheismus kann Illusionen erzeugen und die Realbefriedigung durch die Phantasiebefriedigung (Fromm) ersetzen. Umgekehrt sollte der Gottesglaube dem Menschen eigentlich keine Illusionen vormachen, sondern ihn im Gegenteil desillusionieren. Die obigen Ausführungen über die Sünde und Erbsünde erweisen das zur Genüge.

Der Fortschritt des Rückschritts

Jean Paul hat richtig vorausgesehen: Der Fortschritt ist nichts anderes als ein Fortschritt des Rückschritts. Der Glaube des Menschen an sich selbst hat sich nicht bewährt. Es ist zuviel, was er für die technischen Errungenschaften bezahlen mußte: Sinnleere, Unbehaustheit, Einsamkeit, Antwortlosigkeit. Man wird nicht einfach als »romantische Antiaufklärung« abtun können, was Jean Paul vom Atheismus schreibt: Er »zersprengt und zerschlägt« die Menschheit »in zahllose quecksilberne Punkte des Ichs, welche blinken, rinnen, irren, zusammen- und auseinanderfliehen, ohne Einheit und Bestand«. »Niemand ist im All so sehr allein als ein Gottesleugner, er trauert mit einem verwaisten Herzen, das den größten Vater verloren, neben dem unermeßlichen Leichnam der Natur, den kein Weltgeist regt und zusammenhält.«[151]

Man könnte freilich mit mindestens demselben Recht als Atheist zurückfragen: Hat das Christentum dem Menschen Gemeinschaft vermittelt? Was tut die Kirche gegen die Einsamkeit des heutigen Menschen? Schenken ihre Gottesdienste Gemeinschaft oder sind sie nicht zusammengelegte Privatandachten? Vermag die Kirche eine Alternativgruppe zu sein für die isolierte moderne Kleinfamilie?

151 Jean Paul: Siebenkäs, S. 319f.

D. KONKRETION

Der Mathematiker Fynn will durch sein Buch »Hallo Mister Gott, hier spricht Anna« (1974) verdeutlichen, wie Erwachsene von einem *Kind* lernen können, *erwachsen* zu sein. Es handelt von einem Mädchen namens Anna, das wirklich gelebt hat. Mit vier Jahren wird sie von Fynn als Strandgut in den Londoner Docks aufgelesen. Sie lebt ein paar Jahre mit Fynn zusammen, der ihre Worte in dem genannten Buch festgehalten hat. Die Leute in der Straße »strahlen«, seit Anna bei ihnen wohnt. Nicht nur wegen ihrer entwaffnenden Ehrlichkeit und ihrer ungezwungenen Freundlichkeit, sondern vor allem, weil sie einen »Draht nach oben« hat, der ihnen abgerissen ist. Obwohl sie von der Kirche nichts wissen will, liebt sie »Mister Gott«, dem sie alles erzählt, was sie bedrückt und freut. Er ist ihr »Freund« und »Kamerad«, der sie nie im Stich läßt und für alles Verständnis hat. Sie spricht mit ihm so salopp und zwanglos, wie man eben mit einem Kameraden redet. Abends bekommt er immer »einen Gutenachtkuß in die Luft«, nachdem sie ihm gedankt hat, daß Fynn sie aufgenommen hat. Ihr Gott ist nicht der »große Gott« der Großen, sondern ein Gott, der »sich ganz klein macht, sonst weiß er doch überhaupt nicht, wie ein Marienkäfer lebt, oder«? Sie flachst über die Erwachsenen, die sagen: »Wenn du das Gemüse nicht aufißt, dann ist der liebe Gott böse mit dir!« »Es ist für Mister Gott scheißegal, ob ich Gemüse mag oder nicht.« »Zusammen mit Mister Gott« »lacht« Anna über die feierlichen Gottesvorstellungen des gesalbten Pfarrers Castle. Es macht ihr nichts aus, daß Castle sie für ein »aufsässiges, rotzfreches Ding« hält und sie nicht mag; Hauptsache, Mister Gott mag sie. Im Gottesdienst gefällt es ihr ganz und gar nicht, weil ihr die »heilige Singerei« und das hohle Pathos des Pastors so unnatürlich vorkommt: »In der Kirche darf ich nicht tanzen, keinen Krach machen, nicht mal Mister Gott eine Geschichte erzählen. Alles verboten.« Sie will zusammen mit Fynn eine »Lachkirche« gründen anstelle der »Kindergarten«-Kirche.

Als sie – noch nicht acht Jahre alt – vom Baum gefallen war und sterben mußte, »flüsterte sie«, während »ein Lächeln über ihr Gesicht lief«: »Fynn, ich hab dich lieb.« »Fynn, ich wette, Mister Gott läßt mich dafür in seinen Himmel rein.« Ihr Grabkreuz »stand ein wenig schief, als sei es betrunken«. »Ich

war sicher«, meint Fynn, »irgendwo saßen Mister Gott und Anna nebeneinander und lachten«.
Irgendwann hatte sie einmal zu Fynn gesagt: »Wenn ich sterbe, dann tu ich das selber. Niemand tut es für mich. Wenn es soweit ist, dann sag ich: Fynn, stell mich hin. Und dann guck ich rum. Und dann lach ich. Dann fall ich hin. Und bin tot.«
Die immer am Schluß einer Konkretion gestellten Fragen dürften sich bei dieser Geschichte erübrigen, da sie selber eine einzige Frage ist – an Christen wie Nichtchristen, Theisten wie Atheisten.

Das Über-Ich

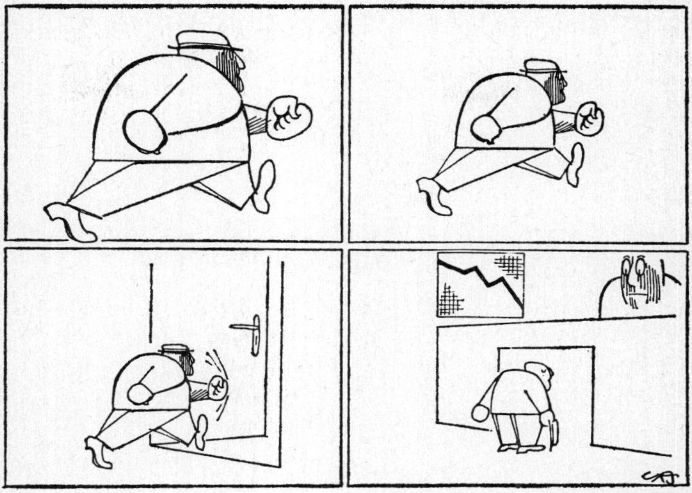

Zeichnung: DS/Ursinus

»Nein, nicht mit mir! Ich werd's ihm zeigen!«
»Ich bin ja auch wer!«
»Ich muß nur stark poltern ...«
»... und unmißverständlich sagen: Oh, Verzeihung Chef, wenn ich störe ...«

Die Bilanz hat fallende Tendenz. *H. M.*

Abschnitt VI

DIE ABLEHNUNG GOTTES IM NAMEN DER FREIHEIT

Der existentialistische Atheismus

J.-P. Sartre – A. Camus

A. EINSTIEG

Simone de Beauvoir schreibt in ihrem Memoirenband »Alles in allem« (1972): »Der Glaube ist in vielen Fällen Beiwerk, das man zusammen mit dem gesamten bürgerlichen Arsenal in der Kindheit empfängt und wie alles übrige beibehält, ohne es für sich in Frage zu stellen. Und wird man von einem Zweifel gestreift, dann schiebt man ihn oft aus Gefühlsgründen beiseite: aus wehmütiger Treue zur Vergangenheit, aus Anhänglichkeit an die vertraute Umgebung, aus Furcht vor Isolierung und Verbannung, wie sie den Nonkonformisten drohen.« »In der Mehrzahl der Fälle« ist die »Hinwendung« zur »Religion« »eine Flucht, eine Desertion. Die Schwierigkeiten, denen der Atheist ehrlich ins Auge sieht – der Glaube ermöglicht es, ihnen auszuweichen. Und das Unglaubliche ist, daß der Gläubige aus dieser Feigheit Überlegenheitsgefühle bezieht. Von oben herab reicht er uns eine barmherzige Hand«: »Ich bin gewiß, eines Tages wird die Stimme Gottes auch an Ihr Ohr dringen.« »Wenn man dem Gläubigen darauf antwortete«: »Ich hoffe, Sie werden eines Tages aufhören, sich etwas vorzumachen«, dann »wäre er tief empört.«
Nach S. de Beauvoir kommt Religion aus mangelndem Selbstbewußtsein. Gott hat für sie eine »Alibi«-Funktion[152]. Der Mensch flieht vor sich selber, anstatt *er selber* zu sein. Mit all dem umreißt sie das Grundanliegen des existentialistischen* Atheismus.
Wir besprechen hier zwei literarische Vertreter des atheistischen Existentialismus, *J. P. Sartre* und *A. Camus*, die beide u. a. stark von Nietzsches Denken geprägt sind.

* Existentialismus ist eine Art des Philosophierens, die alles von der Existenz (d. h. vom Dasein des Menschen) her deutet.

152 S. de Beauvoir: Alles in allem, deutsch 1974, S. 466ff.

B. INFORMATION

1. Jean-Paul Sartre: Wenn Gott existiert, ist der Mensch ein Nichts

Der französische Schriftsteller und Philosoph *J.-P. Sartre* (geb. 1905) ist der Hauptvertreter des französischen Existentialismus. Der Existentialismus wurzelt im Denken *S. Kierkegaards* (1813–1855), *F. Nietzsches* (1844–1900) und der Lebensphilosophie*. Deutsche Repräsentanten des Existentialismus sind *M. Heidegger* (1889–1976) und *K. Jaspers* (1883–1969).

Was heißt Existentialismus?

Der Existentialismus ist eine Weltanschauung, die die *Existenz* des Menschen – also sein *Dasein* – in den Mittelpunkt des Denkens rückt. Das *Dasein* soll befreit werden aus der Umklammerung des *Soseins*, also dessen, was unabänderlich so sein will, wie es ist – die *Essenz*. Der Mensch gewinnt seine Existenz im Kampf gegen die Essenz oder das Sosein. Er entwirft sein Dasein, indem er das daseinsfeindlich Sosein verwirft. Man kann ihn nicht in vorfabrizierte Schubladen stopfen, weil jeder anders ist. Der Mensch ist kein auswechselbares Fertigteil, sondern etwas unauswechselbar Einmaliges. Er verrät sich selbst, wenn er sich von gesellschaftlichen Zwängen und ideologischen Stanzmustern bestimmen läßt. Nur im Kampf gegen das Sosein verwirklicht er sich selbst. Nach Jaspers kommt der Mensch erst zur wahren Existenz in den »Grenzsituationen« seines Lebens (Leiden, Tod, Schuld). Im Unterschied zum Marxismus ist der Existentialismus stärker individualistisch ausgerichtet: Der Mensch wird weniger als Glied der Gesellschaft, sondern als der *einzelne* gesehen. Der Mensch muß mit dem Nichts, in das er »geworfen« ist, alleine fertig werden. Alles kann man dem Menschen nehmen, nur nicht den Stolz, kämpfend und nicht feige zu unterliegen. Die stolze Einsamkeit ist bezeichnend für den »absurden Helden« des Existentialismus. Man hat den Existentialismus zu Unrecht als Barhockernihilismus abgetan. Er kokettiert nicht

* Eine Wirklichkeitsschau, die vom unmittelbaren Erleben ausgeht.

mit dem Nichts, er bekämpft es – freilich in dem Bewußtsein, daß der Kampf aussichtslos ist.

In dieser holzschnittartigen Kurzcharakteristik wurde vor allem der französische Existentialismus, der nach dem Zweiten Weltkrieg eine Art Modephilosophie* war, umrissen. Es ist in der hier gebotenen Kürze unmöglich, das vielschichtige Phänomen des gesamten Existentialismus zu umschreiben.

Wenn Gott nicht existiert, ist alles erlaubt

Was versteht *Sartre* unter Existentialismus?[153] »Ausgangspunkt des Existentialismus« ist für ihn Dostojewskis Satz »Wenn Gott nicht existiert, so wäre alles erlaubt.« Sartre meint, es sei in der Tat so: »Alles ist erlaubt, wenn Gott nicht existiert.« Nur wenn Gott nicht existiert, ist der Mensch *frei*. Und was dasselbe ist: Nur wenn Gott nicht existiert, ist der *Mensch Mensch*. Denn *»der Mensch ist Freiheit«*. Nur wenn Gott nicht existiert, existiert der Mensch. Freiheit ist also für Sartre der Zustand, in dem alles erlaubt ist, die »Bindungslosigkeit«[154]. Ein an Gott gebundener Mensch kann nicht frei sein. Die Freiheit ist *absolut*.

So absolut ist sie, daß der Mensch *sich selber schafft*. Da der Mensch *sein eigener Schöpfer* ist, darf es keinen Schöpfergott geben. Entscheidend ist für Sartre, »daß die Existenz der Essenz vorangeht«, daß der Mensch also *sich selbst bestimmt* und nicht *voraus*bestimmt ist durch einen Gott, daß er sich selber entwirft und nicht vorprogrammiert ist durch einen himmlischen Reißbrettentwurf. Sartre bringt daher seine Philosophie auf die griffige Formel: *»Der Mensch ist, wozu er sich macht«*.

Zur Freiheit verurteilt

Mit alledem wird freilich auch die Last dieser Aufgabe angedeutet. Der Atheismus schlägt dem Menschen alle Stützen und Krücken weg, er ist ohne Gott »verlassen«, hat nichts, woran er »sich anklammern« könnte. »Vor allem findet er

* Philosophie ist das Streben nach Erkenntnis der letzten Zusammenhänge der Wirklichkeit.

153 Das Folgende ist Sartres Aufsatz »Ist der Existentialismus ein Humanismus?« entnommen, in: Drei Essays. Ullstein-Bücherei 304, S. 9–11, 16, 30, 35. Außerdem fußt es auf seinem Hauptwerk »Das Sein und das Nichts«, 1952.

154 S. de Beauvoir deutet so Sartres und ihre eigene Freiheitsliebe in: In den besten Jahren, rororo 1112, 1969, S. 39.

keine Entschuldigungen«. Er muß selber für alles gradestehen, was er tut, und kann weder Gott noch seiner Umwelt den Schwarzen Peter zuspielen. Der Mensch ist selbst »verantwortlich für alles, was er tut«. Wenn Gott nicht existiert, kann der Mensch sich nicht mit »Geboten« Gottes rechtfertigen oder entschuldigen. Er muß sich selber seine Gebote schaffen, nach denen er lebt. Er ist sein eigener Gesetzgeber, da es »außer ihm keinen anderen Gesetzgeber gibt«. Dadurch hat er es nicht leichter, sondern schwerer. Er ist *»verurteilt, frei zu sein«*.

Die Unaufrichtigkeit als einzige Sünde

»Der Mensch wählt seine Moral.« Daher kann dieselbe Handlung je nach Situation gut oder böse sein. So gilt es z. B. in dem Drama »Tote ohne Begräbnis« für ethisch* erlaubt, daß ein fünfzehnjähriger Widerstandskämpfer von seinen mitgefangenen Kameraden umgebracht wird, damit er unter der Folter nichts aussagt. Einziger Richtwert der Ethik** Sartres ist die Freiheit und Verantwortung. Von daher gibt es für ihn eigentlich nur eine Sünde, die *Unaufrichtigkeit* – wenn der Mensch darauf verzichtet, *er selber* zu sein, wenn er sich bürgerliche Konventionen aufzwängen läßt, wenn er sich unfrei machen läßt. Von der Freiheit gibt es keine Freiheit! Der Sartresche »Held« ist daher häufig ein Außenseiter der Gesellschaft, man denke etwa an das Schauspiel »Die ehrbare Dirne«. Sartre hat sich selber immer als Antibürger verstanden. Daß er den ihm 1964 zuerkannten Nobelpreis für Literatur abgelehnt hat, erweist zur Genüge, daß er der Versuchung, in die bürgerliche Gesellschaft integriert zu werden, widerstand. Zutiefst unbürgerlich ist auch seine Kritik an der monogamen Ehe.

Als Außenseiter der Gesellschaft sind die Helden der Sartreschen Werke durchwegs einsam. Das entspricht – wie wir oben sahen – einem Grundzug des Existentialismus.

Der Teufel und der liebe Gott

In keinem Drama tritt vielleicht Sartres Atheismus so stark hervor wie in dem Schauspiel »Der Teufel und der liebe Gott« aus dem Jahr 1951 (vgl. IV A). An der Hauptfigur Götz wird der existentialistische Selbstentwurf des Menschen veranschaulicht. Das Stück spielt zur Zeit der deutschen Bauernkriege zu

* = moralisch, sittlich.
** = Morallehre, Lehre vom Verhalten.

Beginn des 16. Jahrhunderts. Der Söldnerführer Götz ist jederzeit bereit, für Geld seinen jeweiligen Kriegsherrn zu verraten. Bei seinen Feldzügen raubt, plündert und schändet er, wo er nur kann. Ein Heiliger des Teufels! Dann dreht er die Jacke um. Aus dem Heiligen des Bösen wird ein Heiliger des Guten. Er verteilt sein Land unter die Bauern und errichtet einen »Sonnenstaat«, der ganz auf der Nächstenliebe gegründet ist. Doch er richtet durch sein Sozialexperiment nur Unglück an.
Nachdem er sich erst für das Böse und dann für das Gute entschieden hatte, kommt er zu der Erkenntnis, daß der Himmel leer ist und daß es keinen Richter über Gut und Böse gibt. Götz sagt am Schluß des Dramas zu Heinrich: »Ich flehte, ich rang um ein Zeichen, ich sandte dem Himmel Botschaften zu, doch es kam keine Antwort ... in jedem Augenblick fragte ich mich, was ich in den Augen Gottes wohl sei. Ich kenne die Antwort jetzt: nichts. Gott sieht mich nicht, Gott hört mich nicht, und Gott kennt mich auch nicht. Du siehst diese Leere zu unsern Häuptern? Diese Leere ist Gott. Du siehst die Öffnung in der Tür? Ich sage dir, sie ist Gott. Du siehst dies Loch in der Erde? Gott. Das Schweigen ist Gott. Die Abwesenheit ist Gott, die Verlassenheit der Menschen ist Gott. Was da war, war einzig ich: ich allein habe mich für das Böse entschieden, habe das Gute erfunden. Ich habe betrogen und Wunder getan, ich selber klage mich heute an, und auch freisprechen kann nur ich mich, der Mensch. Wenn Gott existiert, ist der Mensch ein Nichts.« »Heinrich, ich möchte dir noch eine tolle Posse erzählen: Gott existiert nämlich nicht. Er existiert nicht. Halleluja! Eitel Freude und Tränen der Freude!« »Wenn es keinen Himmel gibt, gibt es auch keine Hölle mehr: nichts außer der Erde bleibt da.«
Seit Gott tot ist, muß Götz den »Wechsel« für seine Verbrechen selber »bezahlen«. Auf die Frage Hildas, ob er seinen »Prozeß gewonnen« hätte, antwortet Götz: »Er hat nicht stattgefunden; ich sage ja, Gott ist tot. Wir haben keinen Zeugen mehr, ich bin der einzige, der dein Haar sieht und deine Stirn. Wie *wirklich* du bist, seit er nicht mehr über uns ist.«
Die neugewonnene Freiheit macht Götz erst recht wieder zum Unhold. Der Mensch scheitert bei seiner Selbstverwirklichung. Aber das Scheitern benimmt ihm nicht der Aufgabe, sein Schicksal selbst zu gestalten. Es gilt, *widerstrebend* unterzugehen – nicht dumpf ergeben –, *aktiv*, nicht passiv zu scheitern.

2. Albert Camus: Man muß kämpfen, nicht auf die Knie fallen

Auch bei dem französischen Schriftsteller *A. Camus* (1913–1960) ist der Mensch die Gegenformel zu Gott, der Mensch, der aus eigener Verantwortung lebt. Er wendet sich daher mit aller Schärfe gegen den stellvertretenden Sühnetod Christi am Kreuz, weil durch diese »Weißwäscherei« dem Menschen die Verantwortung für sein Tun abgenommen werden soll. Keiner kann für alle bezahlen. Jeder muß selber bezahlen. Jeder ist für sich selbst verantwortlich.

Der glückliche Sisyphus

Sisyphus, eine griechische Sagengestalt, ist nach Camus das Urbild des Existentialisten. Sisyphus wurde dazu verdammt, in der Unterwelt einen Felsblock zum Gipfel eines Berges empor zu rollen, der ihm immer wieder kurz vor dem Ziel in die Tiefe entgleitet. Die Götter wollten ihn durch diese sinnlose Arbeit besonders hart bestrafen. »Heutzutage arbeitet der Werktätige sein Leben lang unter gleichen Bedingungen und sein Schicksal ist genauso absurd«. Aber Camus meint: »Es gibt kein Schicksal, das nicht durch Verachtung überwunden werden kann«. Indem Sisyphus die Götter durch Verachtung entthront, wächst er über sie und über sich hinaus. Dadurch, daß er ein »übergeordnetes Schicksal« verneint, wird der Stein zu seinem »persönlichen Geschick«. Dadurch, daß er »die Götter leugnet«, wird der Stein »seine Sache«. »Sein Schicksal gehört ihm«. Der Stein beherrscht nicht mehr ihn, sondern er den Stein. Er besiegt sein Schicksal, indem er es sich bewußt macht und sich nicht mehr gedankenlos und stumpf von ihm versklaven läßt. Gewiß, der Stein bleibt. Aber der Kampf gegen ihn macht das Leben lebenswert, auch wenn er aussichtslos ist. »Wir müssen uns Sisyphus als einen glücklichen Menschen vorstellen.«[155]

Ohne Gott ein Heiliger sein

Das Leitsymbol des Sisyphus wird u. a. durch den heroischen Arzt Dr. Rieux im »Pest«-Roman (1947)[156] verkörpert. In der nordafrikanischen Stadt Oran bricht plötzlich die Beulenpest aus. Rieux versucht in unermüdlichem Einsatz, so viele Men-

155 A. Camus: Der Mythos von Sisyphos, rororo 90, S. 98ff.
156 A. Camus: Die Pest, rororo 15, S. 77, 79, 100, 151, 182.

schenleben wie irgend möglich zu retten. Rieux sagt zu Tarrou: »Da die Weltordnung durch den Tod bestimmt wird, ist es vielleicht besser für Gott, wenn man nicht an ihn glaubt und dafür mit aller Kraft gegen den Tod ankämpft, ohne die Augen zum Himmel zu erheben, wo er schweigt.« Die Tatsache, daß »Siege immer vorläufig bleiben«, »ist kein Grund, den Kampf aufzugeben«. Es wird die Parole ausgegeben: »Man muß ... kämpfen und nicht auf die Knie fallen.« Denn »man kann« auch »ohne Gott ein Heiliger sein«. Bemerkenswert ist der Satz: »Vom höheren Standpunkt der Pest aus waren vom Direktor bis zum letzten Gefangenen alle verurteilt, und vielleicht zum erstenmal im Gefängnis bedingungslose Gerechtigkeit.«

Der Roman ist ein Gleichnis! Die Pest versinnbildet das Böse, das unausrottbar ist. »Der Pestbazillus stirbt niemals aus.« Es kommt aber gar nicht darauf an, daß man die Pest besiegt, sondern daß man sie bekämpft und sich nicht mit ihr abfindet, als wäre sie ein göttliches Verhängnis, dem man sich fatalistisch unterwerfen dürfte. Ein Gott, der dem Menschen die Verantwortung für die Welt abnimmt, würde den Menschen hindern, Mensch zu sein. Denn das Wesen des Menschen besteht gerade darin, daß er ein Verantwortungsgefühl hat.

Der Roman ist ein Aufruf zur Revolte gegen eine absurde Welt, »in der Kinder leiden und sterben«.

Mein ganzes Reich ist von dieser Welt

Ein moderner Sisyphus ist auch der russische Revolutionär Kaliajew in dem Drama »Die Gerechten« (1949). Kaliajew hat den Großfürsten getötet. Er lehnt die Begnadigung ab, die ihm die Großfürstin erwirken will. Er will sich »alleine richten und alleine retten«. Daher weist er das Gebet der Großfürstin, das sie im Kerker mit ihm sprechen will, zurück: »Ich zähle nicht mehr auf die Begegnung mit Gott. Indem ich jedoch sterbe, werde ich pünktlich dort zur Stelle sein, wo meine Brüder, die ich liebe ... mich erwarten. Beten hieße, sie verraten.«[157]

Camus' Existentialismus ist stärker als der Sartres auf die *Welt* bezogen. Er meinte einmal, die »Welt« sei seine »Gottheit«.[158] »Sobald der Mensch nicht mehr an Gott glaubt, wird er verant-

157 A. Camus: Dramen, 1962, S. 225f.
158 A. Camus, row. monographien 50, S. 34.

wortlich für alles, was lebt, für alles, was aus dem Schmerz geboren und dazu bestimmt ist, am Leben zu leiden.«[159] »Mein ganzes Reich ist von dieser Welt.«[160]

C. DISKUSSION

1. Bestimmt der Mensch sich selbst oder wird er vorherbestimmt? Ist er frei oder muß er befreit werden? Macht ihn Gott unfrei oder frei? Soll man kämpfen oder beten?

Die Fragestellung des Existentialismus: Ist der Mensch frei oder wird er vorprogrammiert? ist gegenwärtig besonders aktuell. Allem Anschein nach war er noch nie so unfrei wie heute – und, was noch schlimmer ist, er ist sich dessen gar nicht bewußt. Die Fesseln sind ins Fleisch gewachsen. Er lebt nicht, er *wird* gelebt. Der französische Strukturalismus meint sogar, *der Mensch sei tot*, es gäbe nur noch die technische Struktur, in der der Mensch nichts als ein gut funktionierendes Rädchen ist. Sein »Ich ist zerstört«. Es gibt nur noch das *»Es«* (Es gibt) oder das *»Man«* (*Man* sagt, *man* trägt). Der Mensch ist wie eine Marionette, die von einem anonymen System gelenkt wird. So der französische Strukturalist *M. Foucault*[161], der im Gegensatz zum Existentialismus der Meinung ist, *das System gehe der Existenz des Menschen voraus.* Der Schriftsteller *Beckett** hat mit seiner Vision vom Blumentopfmenschen diese Gedanken vorweggenommen.

Sisyphus oder Mahood?

In seinem Roman »Der Namenlose«[162] (1959) will er an Mahood das Schicksal des modernen Menschen veranschaulichen. Mahood ist ein auf Kopf und Rumpf reduzierter Mensch,

* Französisch schreibender irischer Schriftsteller (geb. 1906), vgl. oben III D.

159 A. Camus, a. a. O. S. 98.
160 A. Camus, a. a. O. S. 11; *weitere* Vertreter des atheistischen Existentialismus sind E. Hemingway, F. Sagan und J. Améry.
161 In: G. Schiwy: Der französische Strukturalismus, S. 204f., 230.
162 S. Beckett: Der Namenlose, 1959.

der in einem Blumenkübel lebt und unfähig ist, sich zu bewegen. Sein Kopf ist eine »dicke, glatte Kugel ... ohne Gesichtszüge«. Seine Augen können sich »weder schließen« »noch sich abwenden, niederschlagen oder offen zum Himmel erheben«, sondern sind gezwungen, »zentriert und aufgesperrt, pausenlos in den kurzen Streifen vor ihnen zu starren, in dem in 99 Prozent der Zeit nichts geschieht«. Er lebt von Abfällen, die eine Gastwirtin ihm in den Mund steckt. Er meint: »Wenn es scharf schneite, warf sie eine Plane über mich, die stellenweise wasserdicht war. Darunter, in der Wärme und Geborgenheit, machte ich Bekanntschaft mit der Wohltat der Tränen.« Mahood kann in seinem »Kerker« nichts tun, nur vor sich hin reden. »Da ist nichts als meine Stimme.« Er versinnbildlicht die verstümmelte, erniedrigte, geschändete Menschheit.

Eine Übertreibung? Die Futurologie* scheint Becketts Zukunftsvision zu bestätigen. Aber auch in unserer *Gegenwart* wird die Frage immer dringlicher: Geschieht noch etwas *durch* den Menschen oder geschieht nur noch etwas *mit* ihm? Kann er noch die Welt verändern oder kann er nur noch schwätzen? Kann er sich noch engagieren – wie das der Existentialismus fordert – oder vegetiert er stumpf dahin, ist er noch fähig, sich zu entscheiden und dadurch frei zu sein, oder verdämmert er in Apathie und Gleichgültigkeit? Verachtet er wie der Camus'sche Sisyphus den Stein des Schicksals oder wird er von ihm erdrückt? Ist er überhaupt noch *fähig*, sein Schicksal durch Verachtung zu überwinden oder ergibt er sich dumpf in sein Schicksal? Macht er sich sein Geschick noch bewußt oder lebt er gedankenlos in den Tag hinein? Beherrscht er die Strukturen oder beherrschen *sie ihn* oder ist er selber nur noch eine Struktur – ein munter funktionierendes Rädchen in der technischen Maschinerie unserer »Computergesellschaft«?

Der Mensch, eine Konsumtermite

Nach dem amerikanischen Gesellschaftswissenschaftler *D. Riesman* herrscht heute der »außengeleitete« Typ vor, der wie ein Radargerät nur aufnimmt, was *man* sagt, *man* tut, *man* denkt.

Der ichschwache moderne Massenmensch wird vor allem durch folgende *Zwangsstrukturen* unfrei gemacht:

* Zukunftswissenschaft.

– Die Gehirnwäsche der Ideologien*
– Die »Bewußtseinsindustrie«, d. h. die Manipulation des Menschen durch die Massenmedien (Presse, Fernsehen usw.)
– Der Rollenzwang, unter dem der einzelne in der modernen Überzivilisation lebt, d. h. der Zwang, gesellschaftliche Rollen wahrnehmen zu müssen, die dem einzelnen den Existenzentwurf unmöglich machen.
– Die industrielle Serienarbeit – wie überhaupt die Auswechselbarkeit des Menschen in unserer »Tauschgesellschaft«, in der jeder austauschbar wird und der Mensch seine unverwechselbare Einmaligkeit verliert.
– Der Leistungsdruck, unter dem der Mensch in unserer Leistungsgesellschaft von Kind auf steht.
– Die Entwicklung zur totalen Bürokratie, die den Menschen zur Lochkartennummer herabwürdigt
– Der Konsumzwang, der einebnende Konformismus und die »Vereinheitlichung der sozialen und kulturellen Verhaltensformen« (*H. Schelsky*) im mittelständischen Lebenszuschnitt.

Der Existentialismus fordert, daß der Mensch sich selbst bestimmt. *Kann* er das heute überhaupt noch? *Konnte* er das *je?* Nach der Bibel ist der Mensch »Sklave der Sünde« (Johannes 8,34; Römer 6,17.20). Nur Gott allein kann ihn aus dieser Sklaverei befreien – durch Jesus Christus. Sosehr der Mensch *innerhalb* des Sündengefängnisses einen freien Spielraum hat, in dem er tun und lassen kann, was er will, kann er sich nicht *aus* diesem Gefängnis befreien. Dieses Gefängnis kann – wie jedes Gefängnis – nicht von innen, sondern nur von außen geöffnet werden. Anders ausgedrückt: Der Mensch kann sich nicht selber erlösen, nur Gott kann es (III C 2). Dasselbe, was vom Sündengefängnis gilt, gilt auch von den anderen obengenannten Zwängen, die den Menschen unausweichlich einmauern und ihm nur einen kleinen Freiraum lassen. Der Mensch kann sich nicht selbst befreien. Nur eine übermenschliche Macht, die nicht selber diesen Zwängen unterworfen ist, kann ihn befreien. »Nur noch ein Gott kann uns retten« (*M. Heidegger*)[163].

* Weltanschauungen.

163 In einem Spiegel-Interview (1976) meinte Heidegger im Blick auf die »Zwangsläufigkeiten« unserer Zeit im einzelnen: »Die Philo-

Gott *hindert* also nicht die Freiheit, wie der atheistische Existentialismus annimmt, sondern er *ermöglicht* – umgekehrt – Freiheit. Damit soll nicht gesagt werden, daß der Mensch nicht beitragen kann zu seiner Freiheit. Aber er erreicht von sich aus nur eine *vorletzte* Freiheit, nicht die *letzte* Freiheit, die *Freiheit von Schuld*. Er ist nicht willenlos, aber willensbeschränkt, er ist nicht unfrei, aber seiner Freiheit sind unübersteigbare Schranken gesetzt durch die Zwänge der Veranlagung, der Umwelt und des Bösen.

Der menschliche Wille, ein Marionettendraht Gottes?

Aber tauscht der Mensch nicht *ein* Gefängnis gegen ein *anderes* ein, wenn er sich von Gott befreien läßt? Kommt er nicht aus dem Kerker des Bösen in den Gewahrsam der Gnade? Ist der Mensch nicht nach der Bibel sowieso zur Verdammnis oder Seligkeit *vorherbestimmt*? Der Theologe *J. Calvin* (1509–1564) vertritt die unabänderliche »Prädestination« (= Vorherbestimmung) der Menschen zum *Heil* oder *Unheil* auf Grund einer »ewigen Verordnung Gottes«. Ist diese göttliche Vorherbestimmung nicht ein Hohn auf die Selbstbestimmung des Menschen?

Doch die Vorstellung von einer *doppelten* Prädestination des Menschen ist unbiblisch[164]. Sie würde der Liebe als dem Wesen Gottes (Johannes 4,8) widersprechen und aus ihm einen unmenschlichen Willkürgott machen. Die Bibel kennt nur eine ewige Vorherbestimmung zum Heil.

Aber gilt nicht für sie dasselbe, was gegen die doppelte Vorherbestimmung eingewandt wurde? Die Prädestination zum

sophie wird keine unmittelbare Veränderung des jetzigen Weltzustandes bewirken können. Dies gilt nicht nur von der Philosophie, sondern von allem bloß menschlichen Sinnen und Trachten. Nur noch ein Gott kann uns retten.« (Spiegel Nr. 23, Mai 1976, S. 209).

164 Die Bibel redet nur von einer Prädestination zum Heil, Epheser 1,4f.; Römer 8,28. Nirgendwo in Römer 9, auch nicht in den Versen 13,15 bis 18 und 21f. ist von einer von Ewigkeit her beschlossenen Verwerfung die Rede. Zudem muß Römer 9 von Römer 10 und 11 her gedeutet werden. Nach Römer 10, 17ff. ist die Verwerfung des Menschen dessen eigene Schuld, insofern er nicht glaubt. Von Römer 11, 25f. und Vers 32 her gilt die Verstokkung nicht als letztes, sondern als vorletztes Wort Gottes; Näheres zum Thema Gnade Gottes und Mitwirkung des Menschen in: H. G. Pöhlmann: Abriß der Dogmatik, 2. Aufl. 1975, S. 217ff.

Heil will dem Menschen die *Heilsgewißheit* schenken. Nur weil das Heil auf dem Felsengrund des Willens Gottes und nicht auf dem Flugsand des menschlichen Willens basiert, ist es gewiß. Hinge das Heil vom menschlichen Tun ab, dann wäre es ungewiß. Den Reformatoren war es daher wichtig, daß das Heil »allein aus Gnaden« gewirkt wird. Die Alleinwirksamkeit der Gnade *schließt* aber nach der Bibel *die freie Entscheidung* des Menschen *nicht aus*, sondern *gerade ein*. Die Gnade zwingt sich dem Menschen nicht auf, sondern sie fragt ihn, ob er sie haben will. »Er muß bejahen, daß er von Gott bejaht ist« (P. Tillich[165]). Dieses Ja ist seinerseits keine vorprogrammierte Computerantwort, sondern ein echtes Ja. Die Gnade vergewaltigt nicht den Willen des Menschen, sondern sie geht das Risiko ein, von ihm abgewiesen zu werden. Sie ist nicht brutale Gnade, sondern humane Gnade. Das kann gar nicht anders sein, wenn Gott Mensch wurde, also dem Menschen von Mensch zu Mensch – partnerschaftlich – begegnen wollte.

Wenn die Gnade Gottes zum Engagement ermächtigt, ist die Camussche Frage, ob man beten *oder* kämpfen soll, falsch gestellt. Das Gebet soll gerade Kraft geben zum Kampf gegen das Leid. Ja, *Gott kämpft selber gegen das Leid*. Die biblischen Wundergeschichten zeigen das zur Genüge. Camus geht von einem unbiblischen Gottesbild aus, als wäre Gott Zuschauer oder Zulasser des menschlichen Leids. Er *leidet selber* mit dem Menschen *mit*, am Kreuz (VII C).

Gott als absolute Freiheit

Gott ist nach biblischem Verständnis nicht nur der Grund der Freiheit, sondern *selbst die Freiheit*. Wer ihm gehört, gehört nicht mehr der Welt, sondern die Welt gehört ihm. Erst die Bindung an Gott macht frei von der Welt. Gott spricht den Menschen um Christi willen frei. Erst durch diesen Freispruch Gottes wird der Mensch nach christlichem Verständnis »wirklich frei« (Johannes 8,36). Die absolute Freiheit, die der Existentialismus erhofft, kann nur Gott verwirklichen – der Gott, der sich durch vier Nägel gefangennehmen ließ, um uns Gefangene frei zu machen. Der gekreuzigte Gott, der im Scheitern siegte[166]. Die Auferstehung macht das offenbar. *Jean*

165 P. Tillich: Systematische Theologie II, 3. Aufl. 1958, S. 192.

166 Der nähere Nachweis hierfür H. G. Pöhlmann, Abriß der Dogmatik, 2. Aufl. 1975, S. 184ff.

Paul sagt: »Nur Erdbeben und Engel können den Grabstein von der gekreuzigten Freiheit wälzen.«
Nach *P. Tillich** ist jeder religiös zu nennen, der »unbedingt ergriffen ist, mag sich nun dieses Ergriffensein in profanen** Formen ausdrücken oder in Formen, die im engeren Sinne religiös sind«. Wenn der existentialistische Atheismus die *totale* Freiheit erkämpfen will, also mit *letztem* Einsatz und *ganzer* Hingabe für seine Sache kämpft, ist er eigentlich religiös. Nur mit dem Unterschied, daß er »das Unbedingte« nicht Gott nennt, sondern Freiheit.
Aber warum verneint er dann Gott? Nach Tillich verrät sich gerade in seiner unbedingten Ablehnung Gottes ein heimliches Ja zu ihm. Etwas, was nicht existiert, wird man nicht mit solch letzter Leidenschaft ablehnen. Er meint, daß gerade »der, der Gott ernstlich leugnet, ihn bejaht«[167]. (Näheres siehe I C 1.) Der Atheist und der Christ sind sozusagen verfeindete Geschwister.

2. Gibt es zeitlos gültige Normen oder ist jeder sein eigener Gesetzgeber?

Nach Sartre besteht die Freiheit, die aus dem Tode Gottes hervorgeht, darin, daß alles erlaubt ist und jeder selber darüber entscheidet, was gut und böse ist. Er will aber damit keiner Willkürethik*** das Wort reden, als gäbe es keine moralische Richtlinie. Richtlinie ist für ihn die Freiheit oder – was dasselbe ist – die Selbstverwirklichung des Menschen, der Humanismus. Der Mensch *ist* ja Freiheit. Aber was Freiheit im einzelnen bedeutet, bleibt jedem selber überlassen. Der Begriff Freiheit wird eine Art Plastellin, aus dem sich jeder nach Belieben etwas zurechtkneten kann. Jeder Mensch ist sein eigener Mose, der sich je nach Situation seine Gesetze, nach denen er leben will, selber immer neu schafft.

* Ev. Theologe, 1886–1965.
** = weltlich, nichtreligiös.
*** Ethik = Lehre vom Verhalten, Sittenlehre.

167 Bei U. Neuenschwander: Denker des Glaubens II, S. 79.

Freiheitsethik oder Wertethik?

Die existentialistische Freiheitsethik weist zu Recht darauf hin, daß die ethische Norm keine starre »Kuchenform« ist, die man auf jede Situation und auf jeden Menschen anwenden könnte. Da jede Situation anders ist und jeder Mensch anders ist, muß die ethische Norm immer anders »umgemünzt« werden. Die Wertethik* hat das oft übersehen, wenn sie von abstrakten Richtigkeiten ausgeht, mit denen man im Leben nichts anfangen kann. Die Normen müssen aus dem Äther der Abstraktion heruntergeholt werden auf den Boden der Wirklichkeit. Christliche und existentialistische Ethik stimmen darin überein, daß die ethische Forderung den Menschen frei machen und ihm kein Joch auferlegen soll, daß sie nicht aus einem äußeren Zwang, sondern aus einem inneren Drang kommt (I C 2). Das Neue Testament verkündet die Freiheit vom Gesetz (Markus 2,18 ff.; 7,1 ff.; Galaterbrief). Im Unterschied zu den 613 Geboten der Pharisäer kennt es im Grunde nur ein einziges Gebot, das Gebot der Liebe (Matthäus 22,37–40; Römer 13,10). Der Kirchenvater Augustinus (354–430) hat die christliche Ethik treffsicher mit der Formel umschrieben: »Liebe und tue, was du willst!«

Deswegen vertritt das Christentum keine Moral ohne Normen wie Sartre. Aber diese Normen, wie sie etwa in den Zehn Geboten zusammengefaßt sind, sind keine Peitsche, sondern ein Kompaß. Als Ausführungsbestimmungen des *einen* Liebesgebotes (Römer 13,9) können sie gar nichts anderes sein als Orientierungshilfen. Die Zehn Gebote sind kein Paragraphenzaun, sondern *Freiheitsregeln.* Sie schützen Grundwerte, die die Freiheit des Menschen gewährleisten. So will beispielsweise das 3. Gebot den Menschen von jedem Leistungszwang befreien, indem es die Feiertagsruhe gebietet. Das 9. und 10. Gebot verbietet den Neid, damit der Mensch nicht ein Gefangener seiner selbst wird, sondern über sich hinauswächst u.s.w.

Die Freiheit als Freiheit zur Liebe

Daß das *Wesen* des Menschen *in der Freiheit* besteht, darin stimmen Existentialismus und Christentum überein. Der Mensch ist in der Tat im Unterschied zum Tier das unfertige, für neue Möglichkeiten offene und damit freie Wesen. Aber darin geht wohl die christliche Ethik über die existentialisti-

* Ethik, die von ewigen Werten ausgeht.

sche hinaus, daß die Freiheit des Menschen kein Selbstzweck ist, sondern daß sie die *Liebe* zum Zweck hat. Freiheit ist *Freiheit zur Liebe*. Ist sie das nicht, dann entartet sie leicht in Willkür und Egoismus. Freiheit ohne Liebe ist keine Freiheit. Denn meine eigene Freiheit findet eine Grenze an der Freiheit des anderen. In Camus' »Pest«-Roman wird diese Grenze sichtbar, während sie bei seinem Sisyphus, aber auch bei Sartres Götz zu fehlen scheint. Da in christlicher Sicht Freiheit und Bindung untrennbar zusammengehören, ist die Freiheitsethik immer auch *Wertethik*. Weil der Mensch nicht für sich alleine da ist, muß es unveräußerliche und unabänderliche Werte geben, die die Menschen voreinander schützen. Diese Werte werden leicht veräußert, wenn der Mensch sein eigener Gesetzgeber ist und wenn sie nicht von einem außermenschlichen Gesetzgeber garantiert werden. (Man denke an die Euthanasie, die Tötung des sogenannten »lebensunwerten Lebens« im Dritten Reich!) Freiheitsethik und Wertethik sind unabtrennbar.

Der Mensch als Rollenspieler

Daß meine eigene Freiheit an der Freiheit meines Mitmenschen eine Grenze findet und daß die Freiheit frei genug ist, auf sich selbst um des anderen willen zu verzichten, kann man gut am Problem des gesellschaftlichen *Rollenzwangs* veranschaulichen. Wir haben bereits oben (1) über den Rollenzwang der modernen Gesellschaft gesprochen. So hat jeder Mensch ganz verschiedene gesellschaftliche Rollen wahrzunehmen, die Berufsrolle, die Altersrolle, die Rolle des Familienvaters, des Vereinskassierers, Autofahrers, des Mannes, der Frau usw., in denen er sich ganz verschieden verhalten muß. Die Rollen zerfallen in Teilrollen oder »Rollensegmente«. So lassen sich z. B. die Erwartungen, die sich an die *Berufsrolle* knüpfen, aufgliedern in Erwartungen im Blick auf die Beziehung zu Untergebenen, Vorgesetzten, Gleichgestellten, die voneinander abweichen. So wird sich etwa ein Lehrer Schülern gegenüber anders verhalten als dem Schulleiter gegenüber oder Kollegen gegenüber.

Da der einzelne von der Gesellschaft Sanktionen befürchten muß, wenn er »aus der Rolle fällt«, führen Rollen oft zum Rollenzwang, zur Unfreiheit und Unehrlichkeit. Das muß aber nicht so sein, etwa, wenn man sich mit seiner Rolle nur *zum Teil* identifiziert (partielle Identifikation) und wenn man sie frei umgestaltet. Paulus deutet diese Distanz, die der Mensch zu gesellschaftlichen Rollen haben sollte, Galater 3,28 an: »Jetzt gibt es keine Juden und keine Griechen mehr, keine Diener und keine Herren, auch nicht mehr Mann noch Frau. Denn verbunden mit Jesus Christus seid ihr alle eins!« (freie Übersetzung von Horst Bannach)

Gesellschaftliche Rollen sind unumgänglich. Das Zusammenleben der Menschen wäre ohne Rollen unerträglich. Höflichkeit ist sozusagen die kleine Münze der Nächstenliebe. Rollen verschaffen zudem eine Art Selbstschutz.

Es gibt keine Freiheit *von* Rollen, aber es gibt – jedenfalls im begrenzten Umfang – die Freiheit, *zwischen* Rollen zu wählen. Der Philosoph und Gesellschaftswissenschaftler *Ortega y Gasset* (1883–1955) sagt zu Recht: »Der Mensch ist das Wesen, das dazu verurteilt ist, Notwendigkeit in Freiheit umzusetzen.«[168] Der Existentialist, der rollenlos leben will, übersieht, daß der Freiheit des Menschen notwendige gesellschaftliche Grenzen gesetzt sind.

Wie man auch das Rollen-Problem wendet, man stößt immer wieder an die Grenzen der Freiheit, die dem Menschen gerade unserer Zeit gesetzt sind und dessen Situation der Schriftsteller *A. de Saint-Exupéry* treffend mit dem Witz umschrieben hat »Man hat uns Arme und Beine abgeschnitten, dann ließ man uns frei herumlaufen«[169] (Vgl. oben 1).

Ehegefängnis?

Daß Freiheit und Liebe unlöslich zusammengehören und daß die Freiheitsethik eine Wertethik einschließt, erhellt auch aus der *Ehe*. Aber ist nicht die Ehe der Tod der Liebe? Führt sie nicht zur Gewöhnung und Langeweile, an der die Liebe, die ihrem Wesen nach etwas Neues, Überraschendes sein will, zugrunde geht? Vergewaltigt nicht die »Zwangsmonogamie«* den Menschen als das freie Wesen, das sich je neu entwirft? So und ähnlich argumentiert der landläufige Existentialismus.

Dem wurde von christlicher Seite entgegengehalten: Das Wesen der Ehe ist die Liebe, die nicht *sich selbst*, sondern den *anderen* sucht (1. Korinther 13,5 b; Epheser 5,25.28 f.) und die

* Monogamie = *Ein*ehe (Ehe zwischen *einem* Mann und *einer* Frau)

168 Ortega y Gasset: Aufstand der Massen, Vorwort; A. de Saint-Exupéry: Dem Leben einen Sinn geben, dtv 86, S. 144.

169 Näheres zum gesellschaftlichen Rollenzwang siehe R. Dahrendorf: Homo Sociologicus, 12. Aufl. 1973.

nach dem Vorbild Christi in der *selbstlosen Hingabe* besteht (Epheser 5,25). Wenn die selbstlose Liebe Kern und Stern der Ehe ist, schließen sich Ehen auf Zeit, Probeehen, Probierehen und Kollektivehen * von selber aus. Denn hier sucht man *sich selbst*, nicht den *anderen*, hier *dient* man nicht dem anderen, sondern man *bedient* sich des anderen. So ist der Sexus im Neuen Testament nie ohne die Liebe (Epheser 5,25 ff.), ohne Hingabe an den anderen. Es liegt geradezu im Wesen des Sexus, sich an den anderen und an ihn *allein* zu binden, dem »Augenblick Dauer zu verleihen«, die Gewißheit zu haben, daß der andere bei einem immer bleibt und der Boden des Vertrauens nicht weggezogen wird. Sexus zielt auf Ausschließlichkeit ab (»Der und kein anderer«, »diese und keine andere«). Die monogame Ehe ist der notwendige Schonraum der Sexualität. *H. Schelsky*, der in der »Monogamie« die »sozial stabilste und an Entwicklungsmöglichkeiten reichste Form der Ehe« erblickt, hat nachgewiesen: der »vielzitierte ›polygame‹** Trieb des Mannes oder des Menschen überhaupt« hat »monogame Wurzeln«. Er meint, im »außerehelichen Geschlechtsverkehr« ist »immer, wenn auch durch die Gewohnheit der Ausschweifung noch so verdunkelt, ein monogames Liebesbedürfnis und damit das Risiko enthalten, in einer noch so flüchtig gemeinten erotischen Beziehung den schicksalhaft einzigen Liebespartner anzutreffen«[170]. Das monogame Grundmuster schlägt nicht nur im vor- und außerehelichen Verkehr, sondern auch in Kollektivehen immer wieder durch, wodurch diese sich eigentlich selbst widerlegen.

D. KONKRETION

In dem Roman »Homo Faber«*** beschreibt *Max Frisch* die Situation unserer »Computergesellschaft«. Der Unesco-Ingenieur Faber verkörpert den entzauberten technischen Men-

* Ehen mit Partneraustausch, etwa im Rahmen einer Kommune.

** Von Polygamie = Vielehe oder Mehrehe (Vielweiberei-Vielmännerei) im Gegensatz zur Monogamie, zur Einehe.

*** homo faber heißt zu deutsch »der technische Mensch« im Unterschied zum homo ludens, dem »spielenden Menschen«, dem Kulturmenschen.

170 H. Schelsky: Soziologie der Sexualität, 1965, S. 35 f.

schen unserer Zeit, für den alles berechenbar ist und für den es kein Geheimnis mehr zu geben scheint (vgl. I C 1)! Die Welt ist für Faber eine Gleichung, die restlos aufgeht und in der es keine Unwägbarkeiten und Rätsel mehr gibt.
Bei der lebensgefährlichen Notlandung des Flugzeuges in der Wüste Tamaulipas in Mexico staunte Faber über seine Ruhe. »Ich dachte an niemand.« »Ich glaube nicht an Fügung und Schicksal, als Techniker bin ich gewohnt, mit den Formeln der Wahrscheinlichkeit zu rechnen.« Bei dem viertägigen Aufenthalt in der Wüste fragte er sich immer wieder, »was die Leute eigentlich meinen, wenn sie von Erlebnis reden«. Man muß »die Dinge sehen, wie sie sind«. Zur nächtlichen Wüstenlandschaft bemerkt er: »Ich sehe ... keine versteinerten Engel, es tut mir leid; auch keine Dämonen, ich sehe, was ich sehe: die üblichen Formen der Erosion*, dazu meinen langen Schatten auf dem Sand, aber keine Gespenster ... Ich sehe auch keine Sintflut, sondern Sand, vom Mond beschienen ... Wozu hysterisch sein? Gebirge sind Gebirge, auch wenn sie in gewisser Beleuchtung ... wie irgend etwas anderes aussehen ... Wir stehen nicht in einem Totenreich, sondern in der Wüste von Tamaulipas«. »Warum soll ich erleben, was gar nicht ist? Ich kann mich auch nicht entschließen, etwas wie die Ewigkeit zu hören; ich höre gar nichts, ausgenommen das Rieseln im Sand nach jedem Schritt.« »Ich glaube an Nichts«, »ich bin nun einmal der Typ, der mit beiden Füßen auf der Erde steht.« »Lebensstandard« ist »Ersatz für Lebenssinn.« Der Mensch ist eine »Maschine«. Sein Vorbild ist der Roboter. Das Elektronengehirn erledigt »in einer Minute 2000000 Additionen oder Subtraktionen ... Eine Aufgabe, die bisher das ganze Leben eines Mathematikers erfordert hätte, wird in Stunden gelöst und zuverlässiger gelöst, weil die ... Maschine nichts vergessen kann, weil sie alle eintreffenden Informationen ... in ihre Wahrscheinlichkeitsansätze einbezieht. Vor allem aber: die Maschine erlebt nichts, sie hat keine Angst und keine Hoffnung, die nur stören, keine Wünsche in bezug auf das Ergebnis ... Der Roboter erkennt genauer als der Mensch, er weiß mehr von der Zukunft als wir, denn er errechnet sie, er spekuliert nicht und träumt nicht, sondern wird von seinen eigenen

* Abtragung oder Auswaschung der Erdoberflächenformen.

Ergebnissen gesteuert und kann sich deshalb nicht irren; der Roboter braucht keine Ahnungen«.[171]

Fragen zum weiteren Nachdenken:

1. Steuern wir uns selbst oder *werden* wir gesteuert? Wer steuert uns?
2. Es ist bequemer, andere entscheiden zu lassen als selber zu entscheiden. Mogeln wir uns an der Entscheidung vorbei oder übernehmen wir Verantwortung?
   Wo scheuen wir die Kreuzwege der Entscheidung?
3. Der Mensch ist beauftragt, sich »die Erde untertan zu machen« (1. Mose 1,28). Beherrschen wir die Maschinerie der Technik, oder fügen wir uns in sie als munter funktionierendes Rädchen ein? *Engagieren* wir *uns* oder *funktionieren* wir bloß? Versuchen wir, das Schicksal zu überwinden oder nehmen wir es hin?
4. Sind wir Abziehbild oder Original? *Wieder*holen wir uns oder *über*holen wir uns? Halten wir uns noch offen für Überraschungen oder ist unser Leben von der schnurrenden Routine bestimmt? Gibt es noch etwas in unserem Leben, das uns den Atem versetzt, etwas, das uns die Schuhe der Gewohnheiten auszieht, so daß wir barfuß dastehen?
5. Haben auch wir – wie Faber – den Lebenssinn gegen den Lebensstandard eingetauscht? Geben wir uns mit platten Bedürfnissen zufrieden oder wagen wir das ganze Leben auf das Gelingen eines einzigen Werks: seinen letzten Sinn und Grund zu erkennen?
6. Bemessen wir alles nach dem Nutzwert oder gibt es in unserem Leben noch Raum fürs Zwecklose?

171 M. Frisch: Homo Faber, 1957, S. 25–28, 31 f., 51, 63, 101–103, 106.

Stolze Einsamkeit

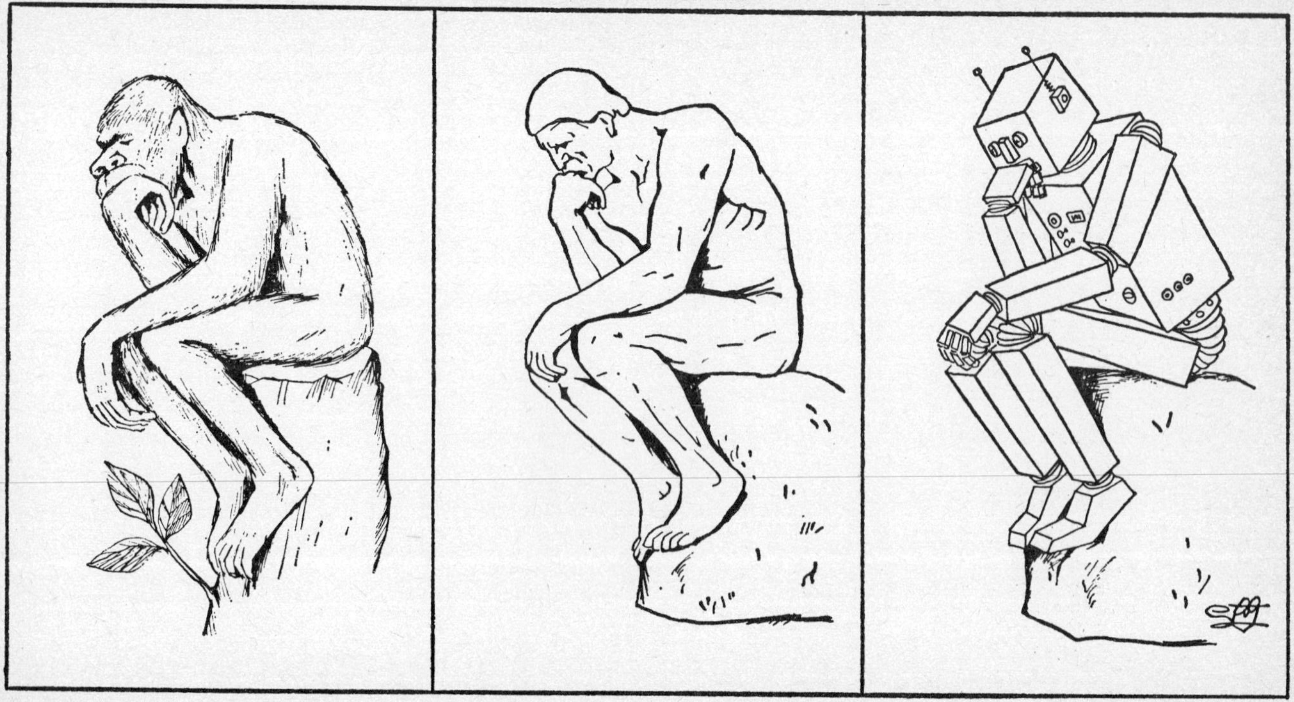

Zeichnung: DS/Ilias Skoulas

Abschnitt VII

DIE ABLEHNUNG GOTTES IM NAMEN DER LEIDENDEN KREATUR

K. Tucholsky – W. Borchert – A. Andersch

A. EINSTIEG

Bei einer Meinungsumfrage im Jahre 1967 in der Bundesrepublik wurden u. a. folgende Gründe angegeben, warum man nicht mehr an Gott glauben könne:
»Wenn ich an den Ersten und Zweiten Weltkrieg denke, dann vergeht mir der Gottesglaube.«
»Gott hat mich zu oft enttäuscht und alleingelassen.«
»Weil ich gelähmt bin und noch viele traurigere Gelähmte gesehen habe.«
»Wenn es einen Gott gäbe, wäre nicht so viel Unheil auf Erden.«
»Gott läßt zuviel schlechte Dinge zu.«
»Es geschehen zuviel Grausamkeiten in der Welt.«
»Die Kirche selbst ist gottlos.«
»Die Vertreter Gottes auf Erden sind zu feige (Drittes Reich).«
Der Einspruch gegen Gott im Namen des Leides ist die häufigste Form des Atheismus, der man heute begegnet. Er wird vor allem in der modernen Literatur und Dichtung vertreten. Wir greifen aus ihr drei Namen heraus: Tucholsky, Borchert und Andersch[172].

172 Als weitere Vertreter dieses Atheismustyps wären zu nennen: B. Brecht (Das Lied von der Wehrlosigkeit der Götter in »Der gute Mensch von Sezuan«); S. Beckett (»Der Namenlose«, »Warten auf Godot«); A. Camus (»Die Pest«); E. Cleaver (»Seele auf Eis«); E. Kästner (»Stimmen aus dem Massengrab«); E. Hemingway (»Nada unser, der du bist im nada«); E. Toller u. a.

B. INFORMATION

1. Kurt Tucholsky: Kopf ab zum Gebet

Der Berliner Journalist und Schriftsteller *K. Tucholsky* (1890–1935) bekennt sich – ähnlich wie andere Atheisten (Bloch, Gide, Camus)[173] – zu Jesus von Nazareth: »Aus dem Sumpf« von »Gestank, Geilheit, Gemeinheit und Geldgier« »leuchtet wie eine Sonne die Reinheit des ersten christlichen Empörers, aus dem sie ... einen Superintendenten und einen Kardinal gemacht haben, und wohl nur aus Zufall nicht einen Feldrabbiner«[174]. Jesus ist für Tucholsky der »große Revolutionär«[175], die Kirche eine Konterrevolution. Ähnlich wie die anderen Institutionen der reaktionären Gesellschaftsordnung seiner Zeit, die Justiz und das Militär, wird sie Zielscheibe seines beißenden Spottes. Tucholsky wurde 1933 vom Nazideutschland ausgebürgert, seine Bücher wurden verbrannt. Zwei gescheiterte Ehen, Krankheit und die Verbitterung über das »unheilbar vergiftete« Deutschland führten 1935 zum selbstgewählten Tod.

Nach Verdun kann man nicht mehr an Gott glauben

Warum ist Tucholsky Atheist? Weil es keinen Gott geben kann, der es zuläßt, daß sich Menschen gegenseitig abschlachten, weil es keinen Gott geben kann, der Völker gegeneinander in den Krieg hetzt. Ein Gott, der einem französischen Feldgottesdienst gegen die Deutschen und einem deutschen Feldgottesdienst gegen die Franzosen präsidiert, ist für ihn unglaubwürdig. Tucholsky ist Pazifist (»Nie wieder Krieg«). Sein Kampf gegen den Krieg ist notwendig ein Kampf gegen den Gott, in dessen Namen er geführt wird. Das folgende Gedicht vom Jahre 1924 bringt Tucholskys pazifistischen Atheismus besonders gut zur Sprache:

173 Näheres zum Jesusverständnis der in Klammern Genannten siehe H. G. Pöhlmann: Abriß der Dogmatik, 2. Aufl. 1975, S. 197f.
174 K. Tucholsky: Ges. Werke VI, S. 340.
175 K. Tucholsky: Briefe an eine Katholikin, S. 14.

«Gebet nach dem Schlachten[176]

Kopf ab zum Gebet!
Herrgott! Wir alten vermoderten Knochen
sind aus den Kalkgräbern noch einmal hervorgekrochen.
Wir treten zum Beten vor dich und bleiben nicht stumm.
Und fragen dich, Gott: Warum – ?

Warum haben wir unser rotes Herzblut dahingegeben?
Bei unserm Kaiser blieben alle sechs am Leben.
Wir haben einmal geglaubt ... Wir waren schön dumm ...!
Uns haben sie besoffen gemacht ... Warum – ?

Einer hat noch sechs Monate im Lazarett geschrien.
Erst das Dörrgemüse und zwei Stabsärzte erledigten ihn.
Einer wurde blind und nahm heimlich Opium.
Drei von uns haben zusammen nur einen Arm ... Warum – ?

Wir haben Glauben, Krieg, Leben und alles verloren.
Uns trieben sie hinein wie im Kino die Gladiatoren.
Wir hatten das allerbeste Publikum.
Das starb aber nicht mit ... Warum – ? Warum – ?

Herrgott!
Wenn du wirklich der bist, als den wir dich lernten:
Steig herunter von deinem Himmel, dem besternten!
Fahr hernieder oder schick deinen Sohn!
Reiß ab die Fahnen, die Helme, die Ordensdekoration!
Verkünde den Staaten der Erde, wie wir gelitten,
wie uns Hunger, Läuse, Schrapnells und Lügen den Leib zerschnitten!
Feldprediger haben uns in deinem Namen zu Grabe getragen.
Erkläre, daß sie gelogen haben! Läßt du dir das sagen?
Jag uns zurück in unsere Gräber, aber antworte zuvor!
Soweit wir das noch können, knien wir vor dir – aber leih uns dein Ohr!
Wenn unser Sterben nicht völlig sinnlos war,
verhüte wie 1914 ein Jahr!
Sag es den Menschen! Treib sie zur Desertion!
Wir stehen vor dir: ein Totenbataillon.
Dies blieb uns: zu dir kommen und beten!
Weggetreten!«

176 K. Tucholsky: Ges. Werke III, S. 437f.

Der Haß Tucholskys richtete sich vor allem gegen den »preußischen lieben Gott« von Wilhelm II. im Ersten Weltkrieg (»Der hohe Alliierte droben«)[177]. »Der große ... Bittgottesdienst, den Wilhelm kniend inmitten seiner Truppen auf dem Schloßplatz zelebrierte«, war »zum Glück erfolglos«. Besonders widerwärtig empfand Tucholsky im Ersten Weltkrieg die »Kommißfrömmigkeit« der »Pfaffen«, ihre »maßlose Dummheit«, mit der sie »ihre Bibeln so lange drehten und wendeten, bis unten der Spruch herausfiel: ›Du sollst töten!‹«[178]

An anderer Stelle schreibt Tucholsky in Anspielung auf das Christentum: »Und wenn einer aus Feuerland daherkäme und mir das Abbild seines Gottes zeigte und sagte: ›Sieh! Er tut Wunder! Er gibt Regen und Sonnenschein! Er heilt die Kranken und fördert die Gesunden! Er schließt die Wunden und trocknet Tränen, er erweckt Tote und trifft mit dem Blitz das Haupt unserer Feinde! Er ist ein großer Gott!‹ – spräche er also, so prüfte ich das Gebäude und die Untermauerung seines Glaubens ... seiner Lehren und seiner Sittengesetze.« »Und fände ich dann etwa, daß es eine Religion ist, die von ihrem Schöpfer gute Lehren auf den Weg bekommen hat, diesen Schöpfer aber verraten hat um irdischer Güter willen; daß sie die Reichen begünstigt und die Armen mit leeren Tröstungen im Elend geduckt hält; fände ich, daß sie die Tiere nicht miteinbezieht in den Kreis des Lebens, und daß sie klüger ist als fromm, gerissener als weise, politischer als wahrhaftig; daß sie das gute Heidnische im Menschen tötet und den Verkrüppelten sorgfältig bewacht; daß sie gottlose Fahnen in ihren Tempeln aufhängt und segnet, die da töten, und verflucht, die den Staatsmord verhindern wollen – fände ich das alles: ich schickte den Mann aus Feuerland zurück und pfiffe auf seine Wunder.«[179]

Die seelenlose Seelsorge der Kirche wird in der Geschichte »Der Predigttext« angeprangert: »Bei einem skandinavischen Kurort ... fährt ein mit vier Kindern, einer Frau und einem Chauffeur besetztes Auto über den gefrorenen See. Das Eis gibt nach; das Auto versinkt. Drei Kinder und die Mutter ertrinken.« »Bei der kirchlichen Beerdigungsfeier wählte der prote-

177 K. Tucholsky: Ges. Werke II, S. 257ff.
178 K. Tucholsky: Ges. Werke II, S. 393.
179 K. Tucholsky: Ges. Werke V, S. 89.

stantische Pastor als Unterlage zu seiner Predigt ... Psalm 69,2.3: ›Gott hilf mir; denn das Wasser gehet mir bis an die Seele. Ich versinke im tiefen Schlamm, da kein Grund ist; ich bin im tiefen Wasser, und die Flut will mich ersäufen.‹«
»Eines unserer Argumente« gegen die Kirche »ist die trostlose Plattheit ihrer religiösen Gefühle«. »Ist es nicht armselig, daß einem Pastor bei so einem schrecklichen Unglücksfall nichts weiter einfällt, als nach der Bibelkonkordanz zu greifen, dort unter ›Wasser‹ nachzusehn und nun etwas ›Bezügliches‹ aufzusagen?« »Für einen wahrhaft fromm empfindenden Menschen muß so ein Handwerksstück von Predigt ein Greul und ein Scheul sein.« »Und der Grund, aus dem der Kirche täglich mehr und mehr Leute fortlaufen, ... liegt eben hierin: daß viele Diener dieser Kirche nur noch viel zu reden, aber wenig zu sagen haben. Wie schlecht wird da gesprochen? Wie oberflächlich sind die scheinbaren Anknüpfungspunkte an das Moderne, darauf sind diese Männer auch noch sehr stolz. Wie billig die Tricks, mit einer kleinen, scheinbar dem Alltag entnommenen Geschichte zu beginnen, um dann ... emporzusteigen?«
Die herzlose Routine kirchlicher Grabreden ist für Tucholsky ein Sinnbild für die Gleichgültigkeit der Kirche gegenüber dem Leiden der Kreatur. »Eine so gute Propaganda, wie sie die Kirche gegen die Kirche macht, können wir gar nicht erfinden. Und ich weiß viele, die mit mir denken: Wir sind aus der Kirche ausgetreten, weil wir es nicht länger mitansehn konnten. Wir sind zu fromm.«[180]

2. Wolfgang Borchert: Warst du in Stalingrad lieb, lieber Gott?

Der Hamburger Schriftsteller *Wolfgang Borchert* (1921–1947) kehrte 1945 schwerkrank aus dem Krieg heim und starb 1947 in einem Basler Krankenhaus einen Tag vor der Uraufführung seines Dramas »Draußen vor der Tür«. Die Identifizierung des todkranken Dichters mit dem leidenden Jesus am Kreuz ist bezeichnend für sein Denken: »Und der letzte Schrei, den er schrie, hieß nicht Vaterland. Der hieß nicht Mutter und nicht

180 K. Tucholsky: Ges. Werke IX, S. 239f.

Gott. Der letzte geschriene Schrei war sauer und scharf und hieß: Essig ... und der zog ihm den Mund zu. Für immer. Vorbei. Und der magere graue Mann, der sein Vater war, sagte nie mehr: Ist gut, mein Junge. Nie mehr. Das war nun alles, alles vorbei.«[181] Borchert ist der Meinung: Ein Gott, der so viel Leid zuläßt, kann nicht existieren. Ein Kriegsgott ist ein Widerspruch in sich selbst. Das Drama *»Draußen vor der Tür«* will den Nachweis dafür erbringen. Es gilt als das bedeutendste Werk der Trümmer- und Kahlschlagliteratur nach 1945. Hier kurz der Inhalt:
Beckmann kehrt aus russischer Kriegsgefangenschaft nach Hause zurück. Doch er kommt nach Hause und kommt doch nicht nach Hause. Seine Eltern haben sich das Leben genommen, seine Frau hat einen anderen. Immer wieder steht er draußen vor der Tür. Da nicht einmal Gott etwas »ändern« kann, will er seinem Leben ein Ende machen.

Der Märchenbuchliebergott

Gott tritt als weinerlicher »alter Mann« auf, »an den keiner mehr glaubt«. »Sie erschießen sich. Sie hängen sich auf. Sie ersaufen sich. Sie ermorden sich, heute hundert, morgen hunderttausend. Und ich, ich kann es nicht ändern.« »Tod – Du hast es gut! Du bist der neue Gott. An dich glauben sie. Dich lieben sie. Dich fürchten sie. Du bist unumstößlich. Dich kann keiner leugnen! Keiner lästern. ... Du bist der neue Gott. An dir kommt keiner vorbei.«[182]
Folgender Dialog zwischen Beckmann und Gott legt mit wenigen scharfen Schnitten den Kern des heutigen nach-theistischen * Denkens frei:

»*Beckmann*:	... Guten Tag, alter Mann. Bist du der liebe Gott?
Gott	(weinerlich): Ich bin der liebe Gott, mein Junge, mein armer Junge!
Beckmann:	Ach, du bist also der liebe Gott. Wer hat dich eigentlich so genannt, lieber Gott? Die Menschen? Ja? Oder du selbst?
Gott:	Die Menschen nennen mich den lieben Gott.
Beckmann:	Seltsam, ja, das müssen ganz seltsame Men-

* Theismus = Gottesglaube.

181 Peter Rühmkorf: Wolfgang Borchert, row. monographien 1961, S. 15.
182 W. Borchert: Draußen vor der Tür, rororo 170, S. 10.

schen sein, die dich so nennen. Das sind wohl die Zufriedenen, die Satten, die Glücklichen, und die, die Angst vor dir haben ... Ich kenne keinen, der ein lieber Gott ist, du!

Gott: Mein Kind, mein armes –

Beckmann Wann bist du eigentlich lieb, lieber Gott? Warst du lieb, als du meinen Jungen, der gerade ein Jahr alt war, als du meinen kleinen Jungen von einer brüllenden Bombe zerreißen ließt?

Gott: Ich hab ihn nicht ermorden lassen.

Beckmann: Nein, richtig. Du hast es nur zugelassen. Du hast nicht hingehört, als er schrie und als die Bomben brüllten. Wo warst du da eigentlich, als die Bomben brüllten, lieber Gott? Oder warst du lieb, als von meinem Spähtrupp elf Mann fehlten? ... Die elf Mann haben gewiß laut geschrien in dem einsamen Wald, aber du warst nicht da, einfach nicht da, lieber Gott. Warst du in Stalingrad lieb, lieber Gott ... Wann warst du denn eigentlich lieb, Gott, wann? Wann hast du dich jemals um uns gekümmert, Gott?

Gott: ... *Ihr* kümmert euch nicht um mich.

Beckmann: Hat auch Gott Theologie studiert? Wer kümmert sich um wen? Ach, du bist alt, Gott, du bist unmodern, du kommst mit unsern langen Listen von Toten und Ängsten nicht mehr mit. Wir kennen dich nicht mehr so recht, du bist ein Märchenbuchliebergott. Heute brauchen wir einen neuen. Weißt du, einen für unsere Angst und Not. Einen ganz neuen. Oh, wir haben dich gesucht, Gott, in jeder Ruine, in jedem Granattrichter, in jeder Nacht. Wir haben dich gerufen, Gott! Wir haben nach dir gebrüllt, geweint, geflucht! Wo warst du da, lieber Gott? Wo bist du heute abend? Hast du dich von uns gewandt? Hast du dich ganz in deine schönen alten Kirchen eingemauert, Gott? ... Wo bist du?

Gott: Meine Kinder haben sich von mir gewandt, nicht ich von ihnen. Ihr von mir ...

Beckmann: Geh weg, alter Mann. Du verdirbst mir meinen Tod ... Ich sehe, du bist nur ein weinerlicher Theologe. Du drehst die Sätze um: Wer kümmert

	sich um wen? Wer hat sich von wem gewandt? Ihr von mir? Wir von Dir? Du bist tot, Gott ... Ach, geh weg, du bist ein tintenblütiger Theologe ...
Gott:	Mein Junge, mein armer Junge. Ich kann es nicht ändern! ...
Beckmann:	Ja, das ist es, Gott. Du kannst es nicht ändern. Wir fürchten dich nicht mehr. Wir lieben dich nicht mehr. Und du bist unmodern. Die Theologen haben dich alt werden lassen ... Wir können dich nicht mehr hören.
Gott:	Nein, keiner hört mich, keiner mehr. Ihr seid zu laut!
Beckmann:	Oder bist du zu leise, Gott? Hast du zuviel Tinte im Blut, Gott, zuviel dünne Theologentinte? Geh, alter Mann, sie haben dich in den Kirchen eingemauert, wir hören einander nicht mehr.«[183]

Wo bist du, Gott?

Der Notschrei Beckmanns am Schluß des Dramas artikuliert noch einmal das Schicksal der Antwortlosigkeit des modernen Menschen.

»... Ich soll leben! Wozu? Für wen? Für was? Hab ich kein Recht auf meinen Tod? Hab ich kein Recht auf meinen Selbstmord? ... Wohin soll ich denn? ... Wohin sollen wir denn auf dieser Welt? Verraten sind wir. Furchtbar verraten ... Wo bist du jetzt, Jasager? Jetzt antworte mir! Jetzt brauche ich dich ... Wo bist du denn? Du bist ja plötzlich nicht mehr da! Wo bist du, Antworter ... Wo ist denn der alte Mann, der sich Gott nennt? Warum redet er denn nicht!! ... Gibt keiner Antwort?«[184]

3. Alfred Andersch: Der taube Gott

Die Flucht ist Zentralthema der Romane des Schriftstellers *A. Andersch* (geb. 1914), auch in seinem Schlüsselroman »Sansibar oder der letzte Grund« (1957). Der Roman spielt in dem Ostseestädtchen Rerik während der Nazizeit (1937). Die Figur des »Lesenden Klosterschülers« in der Kirche von Rerik soll

183 W. Borchert, a. a. O. S. 45–47.
184 W. Borchert, a. a. O. S. 59.

als »entartete Kunst« vernichtet werden. Die Statue wird zusammen mit einer aus Hamburg geflohenen Jüdin nach Schweden gerettet. Pastor Helander wird zur Rechenschaft gezogen. Er schießt auf einen der Nazischergen, die ihn wegen des Verschwindens der Statue verhaften wollen und wird von ihnen liquidiert. »Er hatte sich entschlossen, zu schießen, weil die Salve aus seiner Trommelpistole die Starre und Trostlosigkeit der Welt durchbrechen würde.« Eigentlich tötete Helander aber, »weil er auf Gott wütend war«.[185]

Der ferne hohe Herr, der die Seinen im Stich ließ

An einen Gott, der die Nazis gewähren läßt, kann man nach Helanders Meinung nicht mehr glauben. »Er stand den Seinen nicht bei. Wenn er den Seinen beistehen würde, dachte Helander, dann hätte er die anderen nicht siegen lassen. Gott war nicht die feste Burg des Kirchenliedes, Gott war ein Spieler, der das Reich den anderen überließ, wenn es ihm gefiel, und vielleicht würde er es, einer Laune gehorchend, eines Tages wieder einmal den Seinen in die geöffneten Hände werfen.« Helander scheitert an der »Unbegreiflichkeit Gottes« und an seinen »unberechenbaren Rücksichtslosigkeiten.«

Gott ist »abwesend«. Er lebt »in der größten überhaupt denkbaren Ferne« und die »Welt« ist »das Reich des Satans«. Gott hat die »Welt als einen schalltoten Raum konstruiert. In einem solchen Raum konnte man Gebete nur für sich selbst sprechen, nur in die eigene Seele hineinflüstern. Keinesfalls durfte man sich einbilden, von Gott gehört zu werden ... Gänzlich sinnlos ... war es, Schreie auszustoßen, die Schreie eines Gefolterten. Natürlich hatte man dem Satan Widerstand zu leisten, man hatte zu predigen, aber nur, um die Leute darauf hinzuweisen, daß die Welt dem Teufel gehöre und daß Gott ferne sei. Es gab keinen Trost, und es machte die Größe dieser Lehre aus, daß sie keinen Trost gab. Aber sie machte auch das Martyrium sinnlos, welchen Sinn hatte es, sich foltern zu lassen und zu schreien, wenn Gott davon einfach keine Kenntnis nahm, wenn die Wände des schalltoten Raumes der Welt die Schreie glatt verschluckten?« Alle Gebete sacken in ein Gottes-Vakuum ab, sie erreichen nicht den »fernen hohen Herrn«. Eine Schallmauer trennt diesen gleichgültigen Gott von den Menschen.

185 A. Andersch: Sansibar oder der letzte Grund, Fischer Bücherei 354, S. 167, 165.

Der tote Gott und die tote Gemeinde

Auch »die Stadt, die Kirche und das Pfarrhaus waren zu einem schalltoten, echolosen Raum geworden, seitdem die anderen gesiegt hatten ... seitdem Gott sich entfernt hatte. Der hohe Herr hält es nicht für nötig, anwesend zu sein ... Vielleicht hat er dringendere Geschäfte. Vielleicht liegt er einfach auf der faulen Haut. Jedenfalls hat er uns in Rerik seit Jahren nicht besucht. Nicht einmal ein paar Zeichen hat er auf die Kirchenwand geschrieben, keine noch so geringfügige Botschaft in unsichtbarer Tinte, nur für mich zu entziffern, auf die rote Backsteinwand von Sankt Georgen«. Und trotzdem läßt Helander ein »verrückter Eigensinn noch an jenen Herrn glauben, der sich in Honolulu oder auf dem Orion befindet«. »Ich glaube an die Ferne Gottes.«

Aber warum dann noch Pfarrer sein? »Doktor Frerking war ein guter Arzt – er konnte Zaubersprüche so vorbringen, daß man sie ihm glaubte. Ein guter Pfarrer tat nichts anderes.« Auf die »Wahrheiten« der Medizin und der Religion kommt es nach Helander nicht mehr an; was man von den Ärzten und Pfarrern erwartet, sind »Zaubersprüche« und »Beschwörungsformeln«[186].

C. DISKUSSION

Kann es einen Gott geben, der so viel Böses zuläßt?

Der Mensch unseres Jahrhunderts fragt nicht nur wie der Mensch vergangener Jahrhunderte: Wie kann Gott so viel Böses zulassen? Er fragt radikaler: Kann es einen Gott geben, der so viel Böses zuläßt? Kann man nach Auschwitz und Hiroschima noch an einen Gott glauben, der vorgibt, allmächtig zu sein? Kann man angesichts der Eskalation des Bösen in unserem Jahrhundert noch an einen Gott glauben, der allgütig sein will und dessen Wesen die Liebe ist (1. Johannes 4,8)?

186 A. Andersch, a. a. O. S. 165, 107, 105, 163, 103f.

Lösungsversuche

Der Schriftsteller *J. M. Simmel* hat sich eingehend in seinem Roman »Niemand ist eine Insel« (1975) mit der Frage der Zulassung des Bösen – im Fachjargon nennt man sie die *Theodizeefrage** – befaßt. Kurz einige Sätze aus der Diskussion Nortons mit dem Nürnberger Krankenhauspfarrer Hirtmann im Kapitel 28 dieses Romans[187]:

»Ihren Beruf möchte ich nicht haben«, sagte Norton böse zu Hirtmann. »Warum, Herr Pfarrer, läßt Ihr Gütiger Vater im Himmel so furchtbares Unglück zu? Vergessen wir die Hungersnöte, die Kriege, die Pestilenzen und Seuchen. Warum ... läßt Ihr Gütiger Vater zu, daß es Hunderttausende und immer mehr und mehr Gehirnkrüppel, Spastiker und Epileptiker und Mongoloide und Gelähmte und Laller und Kretins gibt, die nicht sterben und nicht leben können? Warum, Herr Pfarrer, warum hat Gott sich in seiner Allmacht für dieses sein Verhalten zu allem anderen auch noch Kinder ausgesucht?«

Auf seine Attacke antwortete Hirtmann u. a.: »Etwas Logisches wird Ihnen hier kein Pfarrer der Welt bieten können. In keiner Rechnung geht Leid logisch auf! Trotzdem: Für mich ist die härteste Anklage gegen Gott frommer als das kultischroutinierte Zudecken von Wunden.«

Und noch ein anderer Gesichtspunkt ist für Hirtmann entscheidend: »Christus« »ist der, der den Leidenden beigestanden hat. Er ist der, der mitleidet und der gelitten hat. Er ist bei denen, die ohnmächtig sind – als der *Ohnmächtige!*«

»Jeder Pfarrer ist ohnmächtig«, sagte Hirtmann, »wenn er hier eine Patentlösung geben soll. Trotzdem bin ich gerne Pfarrer, weil ich mit dem, was mir übergeben wurde, anderen beistehen kann.« Die einzig mögliche Antwort auf die Theodizeefrage ist für Hirtmann die Auferstehung. »Wenn es keine Auferstehung von den Toten gibt, kann auch Jesus nicht auferstanden sein. Diese Logik setzt Paulus fort: Wenn Jesus nicht auferstanden ist, dann sind wir Prediger schmutzige Lügner! Dann ist die ganze Kirche ein einziger, riesiger Volksbetrug! Die Kirchensteuer rausgeschmissenes Geld! Dann fragen wir zu Recht: Was haben wir eigentlich mit diesem galiläischen

* Theodizee = wörtlich Rechtfertigung Gottes.

187 J. M. Simmel: Niemand ist eine Insel, 1975, S. 323ff.

Wanderprediger zu tun, der seine Leute gegen die pharisäische Oberschicht aufbrachte und sodann geschnappt wurde?« »Und diesen Abgrund von Sinnlosigkeit reißt Paulus auf – der übrigens, wie Sie vielleicht wissen, selbst ein körperlich Behinderter war! Nur vor dem Hintergrund der totalen Finsternis läßt sich überhaupt von Auferstehung reden. Gegenüber der völligen Hoffnungslosigkeit soll Freude laut werden – wird Freude laut!« Wieso »Freude«, fragt Norton. »Ja. Weil Paulus gegen alle Argumente, gegen alle Zweifel diesen Satz als Tatsache hinstellt: ›Nun aber ist Christus von den Toten auferweckt worden!‹« »... Wie erklären Sie ..., daß damals immer mehr und mehr Leute behaupteten, das Grab sei leer gewesen, Christus sei auferstanden, er lebe wieder? Wie erklären Sie, daß dieselben Männer, die sich bei Jesu Verhaftung in alle Mauselöcher verkrochen, um nicht mitgefangen und mitgehangen zu werden, daß diese selben Männer ... nun plötzlich, fast möchte man sagen: strahlend herumsprangen und den anderen zuriefen: Er ist auferstanden! Sieg auf der ganzen Linie!« »Mehr und mehr Menschen wurden von der Gegenwart des Auferstandenen überwältigt, sie gerieten in Bewegung, eine Welt geriet in Bewegung – fast zweitausend Jahre ist es her. Also: Wer Gott in seiner Ohnmacht trifft, der ist in Sicherheit!« Seit der Auferstehung ist »in jeder Klage die Hoffnung angelegt, aus der das große Vertrauen kommen kann«. »Damit aber habe ich ausgeschlossen: erstens, jede Relativierung von Leid à la ›Anderen geht es noch schlimmer‹; zweitens: jede fatalistische Erklärung à la ›Gott hat es so gewollt, es ist eine Prüfung‹; drittens: jede kompensatorische Erklärung à la ›Es wird dir gelohnt werden – droben!‹; und zuletzt die dümmste aller dieser ›Erklärungen‹, nämlich diese: ›Leiden ist Folge von Schuld‹.«
Pfarrer Hirtmann senkte den Kopf, stützte ihn in die Hände und sagte, fast unhörbar: »Und trotzdem ist es furchtbar – jedesmal wieder aufs neue‹.«
Die Beredsamkeit Hirtmanns verdeckt seine Unsicherheit. Ob er Norton überzeugt hat? Man kann sich ausmalen, was Norton geantwortet hätte: Können die Osterglocken die Schreie der Gequälten übertönen? Kann man das Leid als Dunkelfolie für die Auferstehung mißbrauchen? Bezahlt die Theologie nicht mit Münzen, die sie selber geprägt hat? (die also nur in ihrem Binnenbereich gültig sind?)
Dieselben Einwände könnte man auch gegen folgende *andere*

theologische Antworten auf die Frage, warum Gott das Böse zuläßt, vorbringen:

- Das Böse sei eigentlich nichts Böses, sondern nur ein *»Mangel am Guten«* (lateinisch: privatio boni), das Böse sei nur das mangelhaft Gute, das über sich hinausweist auf das vollkommen Gute. Das Böse wäre dann eine Art Wegweiser, der aufs Gute hin zeigt.
- Das Böse diene dem *Kulturfortschritt*, es sei ein notwendiges *Durchgangsstadium* des Menschen, reif und mündig zu werden.
- Das Böse dient dem *Heilsplan* Gottes. »Gott schreibt auf krummen Zeilen gerade.«[188]

Keine Frage, daß die genannten Lösungsversuche der Theodizeefrage Wahrheitsmomente enthalten. Trotzdem werden diese Klischee-Antworten einen Leidtragenden schwerlich überzeugen. Es wäre seelische Grausamkeit, einen Querschnittgelähmten damit zu trösten, daß sein Leid eine Dunkelfolie sei, auf der die Freuden des Jenseits um so heller erstrahlen (vgl. II B 3). Eine Mutter, deren Kind von einem Kidnapper zu Tode gefoltert wurde, würde es als Zynismus empfinden, wenn man ihr mit dem Rezept käme: Das Böse sei ja nur das unvollkommen Gute oder es sei eine Prüfung oder es diene dem Heilsplan Gottes. Die herkömmlichen Lösungen der Theodizeefrage sind zu kurze Ellen, um die tiefe Abgründigkeit des Bösen auszuloten. Durch die genannten Trostsprüche würde das Gespräch mit einem Leidenden immer wieder auf den Ausgangspunkt zurückschnellen: Warum gerade ich, warum gerade meine Tocher, warum gerade mein Sohn, warum gerade meine Frau, mein Mann, warum, warum, warum? Die Lösung ist uneinholbar.

Keine Lösung?

Alle Antworten auf die Frage, warum Gott so viel Böses zuläßt, zielen zu kurz. Sie überreden, aber sie überzeugen nicht. Viele Theologen sind daher der Meinung: Die einzige Antwort ist die, daß es keine Antwort gibt. Gottes Wille kennt kein Warum. Gott wäre nicht Gott, müßte er sich für sein Tun vor den Menschen verantworten. Nicht Gott muß sich vor dem Men-

188 Sicher ein wichtiger Gesichtspunkt vieler alttestamentlicher Erzählungen (1. Mose 27!), der aber nicht verallgemeinert werden darf.

schen rechtfertigen, sondern umgekehrt: der Mensch muß sich vor Gott rechtfertigen. »Wer will zu ihm sagen, was machst du?« (Hiob 9,12) Wir wissen nicht, was es für einen Sinn hat, daß Gott so viel Böses in der Welt zuläßt; aber Gott weiß es. Das muß uns genügen. Es wird dann auch gern auf das Bibelwort verwiesen: »Meine Gedanken sind nicht eure Gedanken und eure Wege sind nicht meine Wege, spricht der Herr. Sondern so hoch der Himmel über der Erde ist, so viel sind meine Wege höher als eure Wege und meine Gedanken höher als eure Gedanken« (Jesaja 55,8f.). Der Theologe *Emil Brunner* antwortet auf die Frage, wie man denn »all das Böse, all die Übel und Leiden aus der Liebe Gottes erklären soll«: »Ein Mensch, der Gottes Weltregiment ›erklären‹ will, ist noch viel komischer als ein Rekrut, der den Plan des Generals, oder ein Handlanger, der die Organisation und Geschäftsführung eines riesigen Industrieunternehmens erklären oder kritisieren will. Mensch, was verstehst du vom Weltregiment!«[189]
Aber darum geht es ja gerade, daß der Mensch *kein* Rekrut und *kein* Handlanger, sondern *Partner* Gottes ist (V C 1; VI C 1). Daß *Gott Mensch* wurde, heißt doch nichts anderes als daß er dem Menschen *von Mensch zu Mensch* begegnen will, sein *Partner* sein will, mit ihm in einen Dialog treten will, ihm *Rede* und *Antwort* stehen will. Seit Gott in Jesus den *Niedrigkeitsweg* des Menschen gegangen ist, stimmt das Wort Jesajas einfach nicht mehr, daß seine Wege höher sind als die der Menschen.
Die Lösung, daß es keine Lösung gibt, verfängt so wenig wie die anderen genannten Schreibtischtheorien, die die Theodizeefrage beantworten wollen. Sie stößt den leidenden Menschen in eine Einsamkeit ohnegleichen, wenn sie kaltherzig die Antwort verweigert.

Der gekreuzigte Gott als Lösung?

Wenn es hier überhaupt eine Lösung gibt, die überzeugt, dann ist es der *gekreuzigte Gott*, der den Notleidenden nicht allein läßt in seinem Leid, sondern *mit ihm mitleidet*. Alle anderen Lösungen des Theodizeeproblems tragen es nicht aus, sondern verdrängen es. Einzig hier am Kreuz wird es ausgetragen. Einen Leidenden wird nur diese Lösung überzeugen: Gott geht mit dir mit durchs Leid, damit du es nicht allein tragen mußt, und er holt es *dadurch*, daß er mitgeht, ein! Gott

189 E. Brunner: Unser Glaube, 1934, S. 28.

ist nach dem NT nicht *Zulasser* des Bösen, sondern *Opfer* des Bösen. Die Frage: Ob es einen Gott geben kann, der so viel Böses *zuläßt*, ist also eigentlich falsch gestellt. Gott ist kein unbeteiligter Zuschauer des Leides, sondern sein *Wesen* besteht geradezu im Leiden, in der Liebe bis in den Tod. Pfarrer Hirtmann in Simmels Roman »Niemand ist eine Insel« deutet diese einzig mögliche Lösung an, wenn er von der Ohnmacht Gottes redet, in der sich seine Macht verbirgt.

Gott, ein geheimer Fernsteuermann?

Die Frage, ob es einen Gott geben kann, der so viel Böses *zuläßt*, geht von der falschen Voraussetzung aus, Gott wäre der geheime Fernsteuermann oder gar unbeteiligter Zuschauer des Weltgeschehens. Wir haben oben schon oft (II C 2; III C 1) darauf hingewiesen, daß der Gott des Neuen Testaments ein *niedriger Gott* ist, kein *Hochgott*, der in eisiger Ferne thront (Andersch). Der christliche Gott *läßt* nicht die Menschen leiden (Tucholsky), sondern er *leidet mit ihnen*, er ist kein »tintenblütiger Theologe«, der über das Leid theoretisiert, es aber nicht ändern kann (Borchert), sondern er *bekämpft* ihr Leid, indem er es auf sich nimmt, er wohnt nicht auf dem »Orion« (Andersch), sondern sein Kreuz steht auf unserer Erde.

Der Vorwurf, wie kann es einen Gott geben, der so viel Böses zuläßt, trifft nicht den Gott des Christentums, der ja gar nicht Zulasser, sondern Opfer des Bösen ist. Er trifft freilich eine Theologie, die aus ihm eine rätselhafte Sphinx, einen gleichgültigen Zuschauergott, oder gar einen waffensegnenden Kriegsgott gemacht hat.

Eine neue Masche im alten Muster?

Doch »Gott ist nicht Zulasser, sondern Opfer des Bösen!« Ist das nicht auch wieder eine der vielen handlichen Formeln, mit denen man dem Leid beizukommen glaubt, als wäre die Theodizeefrage lediglich ein Formulierungsproblem. Ist diese Frage nicht viel zu oft wie eine intellektuelle Turnübung behandelt worden? Steht dem Theologen bei dieser Frage nicht am besten die stammelnde Betroffenheit Hirtmanns an? Doch der Hinweis auf den Gott am Kreuz, der Opfer, nicht Zulasser des Bösen ist, ist nur eine vorläufige Lösung. Auf die Theodizeefrage gibt es keine endgültige, höchstens eine vorläufige Antwort. Wie die Antwort die Frage korrigiert, so muß auch die Frage umgekehrt immer wieder die Antwort korrigieren, wie das in einem echten Dialog sein muß. Auf die Frage des

Atheismus: Warum läßt Gott so viel Böses zu, gibt es keine Patentantwort, sondern höchstens die Gegenfrage: Warum lassen *wir Menschen* so viel Böses zu?*

* Eine eigene Konkretion dürfte sich nach dieser Frage erübrigen.

Vladimír Renčín

NAMENREGISTER